Rolf Brüseke

Deutsch
Grammatik leicht A1

GRAMMAR AND PRACTICE

Hueber Verlag

3. 2. 1.   Die letzten Ziffern
2022 21 20 19 18   bezeichnen Zahl und Jahr des Druckes.
Alle Drucke dieser Auflage können, da unverändert,
nebeneinander benutzt werden.
1. Auflage
© 2018 Hueber Verlag GmbH & Co. KG, München, Deutschland
Umschlaggestaltung: Sieveking · Agentur für Kommunikation, München
Zeichnungen: Maike Hettinger, Stuttgart
Layout und Satz: Sieveking · Agentur für Kommunikation, München
Verlagsredaktion: Sonja Ott-Dörfer und Katharina Zurek, Hueber Verlag, München
Druck und Bindung: Firmengruppe APPL, aprinta druck GmbH, Wemding
Printed in Germany
ISBN 978–3–19–011721–5

Art. 530_24750_001_01

Inhalt

Preface

Grammatik leicht A1 is ideal for learners of German at level A1 and covers all the topics required by the new *Goethe-Zertifikat A1: Start Deutsch 1*.

Grammatik leicht A1 can be used by German language students as a practice and reference book no matter whether the students are living in a German-speaking country or abroad. Since the book includes a full answer key it is the perfect choice for self-study. But it is also very suitable for work in the classroom.

Grammatik leicht A1 aims at simplicity, clarity and accuracy. The grammar tables are concise and clearly structured and the language used for rules is easy to understand. The vocabulary used in the exercises is elementary, so students know the words and can really focus on practicing grammar.

Grammatik leicht A1 is divided into 6 units and covers 46 topics. Each topic is presented on a double-page spread which is subdivided into:

· *Discover it:* short enjoyable text + grammar tables + grammar rules

· *Practice it:* exercises for each grammar item presented.

We wish you every success with your studies and hope you enjoy learning German with *Grammatik leicht A1*.

Author and publisher

Vorwort

Grammatik leicht A1 wendet sich an Lernende auf Niveaustufe A1 und deckt alle Themen ab, die das aktuelle *Goethe Zertifikat A1: Start Deutsch 1* verlangt.

Grammatik leicht A1 ist ein Nachschlage- und Übungsbuch für Lernende im In- und Ausland. Das Buch eignet sich für Selbstlerner, es enthält einen kompletten Lösungsschlüssel im Anhang. Es kann aber auch sehr gut für die Arbeit in Deutschkursen verwendet werden.

Grammatik leicht A1 ist ausgesprochen einfach, klar und präzise: Die Grammatiktabellen sind übersichtlich und einprägsam und die Regeln sind in einer sehr leichten und gut verständlichen Sprache gehalten. Der in den Übungen verwendete Wortschatz entspricht dem Grundwortschatz, sodass die Lernenden die Wörter kennen und sich ganz auf das Üben der Grammatik konzentrieren können.

Das Übungsbuch besteht aus 6 Kapiteln und deckt 46 Grammatikthemen ab. Jedes Thema wird auf einer Doppelseite präsentiert. Die Doppelseite ist wiederum unterteilt in

· *Discover it* = kurzer einprägsamer Text + Grammatiktabelle + kurze Erläuterungen

· *Practice it* = Übungen zu jedem Aspekt der dargestellten Grammatik.

Wir wünschen Ihnen viel Spaß beim Deutschlernen mit *Grammatik leicht A1*!

Autor und Verlag

1 Ich und du

Personalpronomen im Nominativ, Personen

A Look at the pictures and fill in *ich* and *wir*.

B Read A again and fill in the gap.

	Singular				Plural		
1. Person	ich				wir		
2. Person	_____	Sie			ihr		Sie
3. Person	er	es		sie	sie		

C Read about personal pronouns.

ich, du, etc. are called personal pronouns.
They refer to people:

ich → I   wir → we
du / Sie → you   ihr / Sie → you
er, es, sie → he, it, she   sie → they

1 Write down the personal pronouns.

wir ~~ihr~~ du er ich sie es Sie sie

  *ihr*

2 Singular or plural? Sort the personal pronouns in 1.

Singular		Plural	
Ich, _____, _____, _____, _____, _____		_____, _____, _____	

3 *ich* or *wir*? Underline the correct personal pronoun.

1 Hallo, *ich* / *wir* bin Emma. – Hallo, Emma.
2 Und das ist Rob, mein Freund. *Ich* / *Wir* kommen aus Boston. – Hi, Rob.
3 *Ich* / *Wir* sind seit zwei Monaten in Wien. Und du? – *Ich* / *Wir* bin seit einem Jahr hier.

4 *er, es* or *sie*? Fill in the gaps.

1 Ist das Kind wieder gesund? – Nein, *es* ist noch krank.
2 Woher kommt der Chef? – _____ kommt aus der Schweiz.
3 Die Deutschlehrerin finde ich gut. – Ja, _____ ist wirklich sehr nett.

5 Formal or informal? *Sie* or *du*? Underline the correct form.

1 Guten Tag. Sind *du* / *Sie* Frau Ludwig? – Guten Tag. Nein, mein Name ist Becker.
2 Entschuldigung. Und wer sind *du* / *Sie*? – Ich heiße Klein, Sarah Klein.
3 Hallo, und *du* / *Sie* bist ...? – Hallo! Ich bin Kim.
4 Arbeitest *du* / *Sie* auch hier? – Ja, ich bin Praktikantin.

6 Fill in the gaps.

~~ihr~~ du du ihr du du

1 Hallo, wer seid *ihr* denn? – Hallo, ich bin Paola, und das ist Juan. Und wer bist _____?
2 Ich heiße Nina. Und woher kommt _____? – Aus Kuba. Und _____? Woher kommst _____?
3 Aus der Schweiz. _____ sprichst aber gut Deutsch, Paola. – Danke.

7 Singular or plural? Tick.

1 Wie heißt sie denn? – Maria. ☒ ○
2 Und woher kommt sie? – Aus Chile. ○ ○
3 Sind Cathy und Paul auch im Kurs? – Ja, sie lernen Deutsch. ○ ○

8 Write two sentences about your best friend.

Mein Freund ist groß. Er _____

_____

2 Ich bin Laura.

Verbkonjugation *sein*

A Read Laura's post and underline *bin, bist, ist*.

www.berlin-now.de

Nur eine Frage – Wer <u>bist</u> du?

Hallo, ich bin Laura. Ich bin 22 Jahre alt.
Verheiratet bin ich nicht. Aber ich bin glücklich.
Mein Freund heißt Tim. Er ist IT-Ingenieur.
Er ist aus Berlin.

B Read A again and fill in the gaps.

	sein
ich	bin
du	....
er / es / sie	....
wir	sind
ihr	seid
sie / Sie	sind

C Read about *sein*.

sein (= to be) is used when referring to
- personal information: *Ich <u>bin</u> 22 Jahre alt.*
- a state of mind: *Ich <u>bin</u> glücklich.*
- a place: *Er <u>ist</u> aus Berlin.*

1 *bin* or *bist*? Fill in the gaps.

1 *Bist* du in Berlin? – Nein, ich .... in Zürich.
2 Ich .... verheiratet. – Und? .... du glücklich?
3 Wo .... du denn? – Ich .... doch hier.
4 Ich .... richtig müde. – Hast du viel gearbeitet?

2 Match the speech bubbles and the photos.

1 _C_ Wir sind ein Team.

2 ___ Ich bin aus Berlin.

3 ___ Ich bin Studentin.

4 ___ Bist du Lisa?

5 ___ Ich bin glücklich.

6 ___ Sind Sie Herr Simon?

 A  B  C  D  E  F

3 Emma's family. Underline the correct form of the verb.

◆ Das ist mein Vater. Er (1) <u>ist</u>/_sind_ erst 58. Und hier ist meine Mutter.
  Sie (2) _ist_/_sind_ hübsch, oder?

◐ Ja, sehr. Und die da? Wer (3) _ist_/_sind_ denn die?

◆ Das (4) _ist_/_sind_ meine Geschwister. Und meine Großeltern (5) _ist_/_sind_ hier.

◐ Wow, so eine große Familie!

4 Fill in the gaps.

seid   wir sind   ihr seid   wir sind   ~~sind~~

1 Julian und ich, wir _sind_ glücklich.
2 Sarah und du, ihr _____ reich.
3 Ich und meine Familie, _____ in Köln.
4 Du und dein Freund, _____ am Wochenende in Berlin.
5 Meine Frau und ich, _____ noch jung.

5 Read what Mike says. Sort the letters in the brackets and fill in the gaps.

Mike: Hallo, hallo! Das hier (1) _bin_ (nib) ich ... Halt! Nein! Das (2) _____ (isnd) wir, meine Freundin Laura und ich. Laura (3) _____ (sit) aus Köln, ich komme aus Berlin. Laura (4) _____ (sti) 22 Jahre alt. Sie (5) _____ (tis) Studentin. Ich arbeite. Ich (6) _____ (ibn) IT-Ingenieur. Wir gehen gerne ins Kino. Titanic (7) _____ (its) unser Lieblingsfilm.

6 Write a WhatsApp message. Write about yourself.

Name? Beruf? Verheiratet? Alter? Lieblingsfarben? Hobby?
Mein Name ist Mia.
_____

3 Ich heiße Emma.

Verbkonjugation: regelmäßige Verben

A Read Emma's post. Write down the underlined verbs and add the infinitives.
Use your dictionary if necessary.

www.meindeutschkurs.blogspot.de

Hi, ich heiße Emma. Und das ist mein Deutschkurs. Wir lieben Deutsch, und wir lieben Selfies. Das ist Eliana. Sie kommt aus Brasilien. Und das sind Satoshi und Juji. Sie kommen aus Japan und arbeiten bei Fujitsu hier in Berlin. Und wow! Das sind Maria, Michele und Cathy. Maria kommt aus Spanien, Michele aus Italien und Cathy aus England. Maria macht ein Praktikum, Michele studiert und Cathy arbeitet als Lehrerin an der Berlin Cosmopolitan School. Wir wohnen alle in Berlin.

heiße – heißen,

B Read A again and fill in the gaps.

	kommen	machen
ich	komme	mache
du	kommst	machst
er / es / sie	kommt	mach......
wir	kommen	machen
ihr	kommt	macht
sie / Sie	kommen	machen

	heißen	arbeiten
ich	heiß......	arbeite
du	! heißt	! arbeitest
er / es / sie	heißt	! arbeit......
wir	heißen	arbeiten
ihr	heißt	! arbeitet
sie / Sie	heißen	arbeiten

C Read about regular verbs.

- *kommen, machen,* etc. are regular verbs. Other examples are *lieben, studieren, wohnen* …
- Notice the irregularities: *heißen:* du heißt, *arbeiten:* du arbeitest, er arbeitet.

1 Complete the table and mark the endings.

	wohnen	lieben	studieren
ich	wohne		
du			
er / es / sie			
wir			
ihr			
sie / Sie			

2 *e, (e)st or t?* Fill in the gaps.

1 Woher komm*st* du? – Ich komm___ aus Italien.
2 Wo wohn___ du? – Ich wohn___ in Berlin.
3 Was mach___ du beruflich? – Ich arbeit___ als Krankenschwester.
4 Hi. Ich heiß___ Valentina. Und wie heiß___ du? – Ich heiß___ Christian.
5 Arbeit___ du bei Siemens? – Nein, ich arbeit___ bei Daimler.

3 Read about Stephie and Robert and fill in the correct form.

1 Was (1) *macht* (machen) Stephie denn beruflich? – Sie (2) _____ (studieren)
und sie (3) _____ (arbeiten) als Kellnerin.
2 Ah! Und wo (4) _____ (wohnen) sie? – Sie (5) _____ (wohnen) in Berlin, in Kreuzberg.
3 Und ihr Freund? Was (6) _____ (machen) er? – Robert? Er (7) _____ (arbeiten) schon.
Er ist IT-Ingenieur bei Siemens.

4 Choose the correct verb.

Wir	○ macht	⊗ machen	Pause.
Carla und David	○ liebt	○ lieben	Italien.
Ihr	○ wohnt	○ wohnen	in Wien.
Martha und ich	○ arbeitet	○ arbeiten	am Wochenende.
Ihr	○ kommt	○ kommen	bitte in den Deutschkurs!

5 Formal or informal? Underline the correct form of the verb.

1 Herr Müller, woher *kommst / kommen* Sie?
2 *Kommst / Kommen* du auch aus Berlin?
3 Entschuldigung, wie *heißt / heißen* Sie?
4 Sag mal, wie *heißt / heißen* du denn?
5 *Arbeitest / Arbeiten* Sie auch bei Siemens?
6 Wo *arbeitest / arbeiten* du?

6 Read the WhatsApp message and fill in the verbs. Use the correct form.

arbeiten   gehen   ~~sein~~   machen   sein
wohnen   heißen   machen   lernen

Hallo Stephanie, ich (1) *bin* jetzt in Wien.
Mein Bruder (2) _____ auch hier. Ich
(3) _____ ein Praktikum und (4) _____
Deutsch. Wien (5) _____ richtig cool! Ich
habe auch schon einen Freund. Er
(6) _____ Johann und wir (7) _____
zusammen ins Fitness-Studio. Und wie
geht's dir? Was (8) _____ deine Familie?
(9) _____ du immer noch so viel?
Bis bald, Dein Rod

7 Write a blog post about your real or imaginary German class. Write about two of your fellow-students. Where do they come from? What do they do? And where do they live?

Hallo, das ist mein Deutschkurs: _____

_____

4 Ich habe einen Traum.

Verbkonjugation *haben*

A Read and underline *habe*, *hat* and *haben*.

Träume

Ich habe einen Garten.
Ich habe ein Haus.   Ich habe einen Traum.

Sie hat einen Job.
Sie hat einen Freund.   Sie hat einen Traum.

Wir haben Kinder.
Wir haben Glück.   Wir haben einen Traum.

B Read A again and complete the table.

C Read about *haben*.

haben is mostly used when talking about something you own:
Ich habe einen Garten. = I have a garden.

	haben
ich	....
du	ha**st**
er / es / sie	....
wir	....
ihr	ha**bt**
sie / Sie	ha**ben**

1 Compare German and English and notice the differences. Then translate.

Deutsch	Englisch	Meine Sprache
Ich habe einen Job.	I have a job.	....
Ich habe Hunger.	I am hungry.	....

2 *habe* or *hast*? Underline the correct form.

1 Möchtest du etwas trinken? – Ja, ich *habe*/*hast* Durst.
2 *Habe*/*Hast* du Hunger? – Ja, ich möchte Pizza essen.
3 *Habe*/*Hast* du morgen Zeit? – Nein, leider nicht.
4 Was *habe*/*hast* du denn? – Ich *habe*/*hast* Angst.
5 Was machst du, Annika? – Ich bin Studentin. Und ich *habe*/*hast* einen Job als Kellnerin.

3 Read about Emily's family and fill in the correct form of *haben*.

1 Meine kleine Schwester heißt Lisa. Sie *hat* schon einen Freund und einen super Job.
2 Mein Bruder, Christian, wohnt in Berlin. Er wohnt allein. Er .... eine schöne Wohnung.
3 Meine große Schwester heißt Tina. Sie ist mit Michele verheiratet. Tina und Michele leben in Wien. Und Tina .... ein Kind.
4 Meine Großeltern wohnen auf dem Land. Sie .... eine Katze und ein Pony.
5 Meine Freundin sagt immer: „Ihr .... Glück. Ihr .... so eine große Familie!"
6 Das stimmt. Wir .... wirklich Glück.

4 Formal or informal: *Du* or *Sie*? Fill in the gaps with the correct form of *haben*.

1 *Haben* Sie denn keinen Job? – Doch, aber ich arbeite nachts.
2 Wir kaufen das Auto. – Wirklich? _____ du denn das Geld?
3 Hurra, ich habe den Job. – Toll! Du _____ wirklich Glück.
4 Entschuldigung, wann _____ Sie Pause? – In fünf Minuten.

5 There is one mistake in each dialogue. Find and correct them.

1 ~~Habt~~ Sie noch Salat? – Ja, im Kühlschrank. *Haben*
2 Und Carla und Tom? Habt sie denn Zeit? – Nein, leider nicht. _____
3 Wo ist Emma? – Sie holt Pizza. Sie hast Hunger. _____
4 Habt Sie eine Mobilnummer? – Ja, klar. _____

6 Read the WhatsApp message and fill in the correct form of *haben*.

> Hi Michele, wir sind jetzt in Berlin. Und wir (1) *haben* wirklich Glück. Das Wetter ist super! Wir schlafen bei Eric. Er (2) _____ eine tolle Wohnung in Kreuzberg. Und er (3) _____ eine Katze.
> Erics Freundin heißt Nina. Sie ist aus Berlin und (4) _____ viele Freunde hier. Sie (5) _____ auch ein Auto und zeigt uns Berlin. So, jetzt (6) _____ ich keine Zeit mehr. Bis bald! Sarah

7 Underline the correct form of *haben*.

1 *Hat / Haben* Sie ein Handy? – Ja. Möchten Sie die Nummer?
2 Tina und Carl *haben / hast* Angst. – Wirklich? Aber warum?
3 Er *habe / hat* ein Haus und einen Garten. – Ich nicht.
4 Ich *habe / haben* Durst. – Möchtest du ein Glas Wasser?
5 Eva *hast / hat* Hunger. – Komm, wir gehen zu Giovanni und essen Pizza.
6 Wir *hat / haben* dreißig Grad. – Wirklich! Kannst du da schlafen?
7 Kommt ihr mit? *Habt / Hast* ihr Zeit? – Nein, leider nicht.

8 Name three things you have in life that make you happy.
Write down three sentences using *haben*.

Ich habe Kinder. _____

5 Sie isst gerne Pizza.

Verbkonjugation: Verben mit Vokalwechsel

A Read about Leonardo and Eliana. Underline the vowels in the verbs printed in green.

life/blog/happy

Hallo, ich bin Leandro. Und das ist meine Schwester Eliana. Sie studiert und *spricht* drei Sprachen: Spanisch, Englisch und Französisch. Sie *liest* gerne, *trifft* Freunde und *fährt* Longboard. Und sie *isst* gerne Pizza. Oft *lädt* sie auch Freunde *ein* und kocht.

B Read A again and fill in the gaps.

	sprechen e → i	lesen e → ie	fahren a → ä	einladen a → ä
ich	spreche	lese	fahre	lade ein
du	sprichst	liest	fährst	lädst ein
er / es / sie	_____	_____	_____	_____
wir	sprechen	lesen	fahren	laden ein
ihr	sprecht	lest	fahrt	ladet ein
sie / Sie	sprechen	lesen	fahren	laden ein

C Read about verbs with a vowel change.

- *sprechen, lesen, fahren, einladen, ...* take the same endings as *kommen*. What is different here is that the vowels change within the verbs. But only after *du* and *er / es / sie*.
- Other verbs where the vowel changes are *essen* (e → i), *geben* (e → i), *treffen* (e → i), *sehen* (e → ie), *schlafen* (a → ä), and the separable verb *fernsehen* (e → ie).

1 Add the infinitives.

er isst → *essen*   ihr sprecht → _____   er trifft → _____   sie sieht fern → _____

2 Mark the verbs and complete the table.

SEHTFERNLÄDTEINFAHRTLIESTFÄHRSTTRIFFTESSTLESENSIEHTFERNTREFFTLÄDSTEINISST

	treffen	essen	lesen	fahren	einladen	fernsehen
ich	treffe	esse	lese	fahre	lade ein	sehe fern
du	triffst	_____	_____	_____	_____	siehst fern
er / es / sie	_____	isst	liest	fährt	_____	_____
wir	treffen	essen	lesen	fahren	laden ein	sehen fern
ihr	_____	_____	lest	_____	ladet ein	*seht fern*
sie / Sie	treffen	essen	_____	fahren	laden ein	sehen fern

3 Lisa does things differently. Fill in the verbs using the correct form.

1 Ich spreche Deutsch.   Lisa _spricht_ Englisch.
2 Ich treffe Ben.   Sie .... David.
3 Ich lese Goethe.   Sie .... Shakespeare.
4 Ich fahre Fahrrad.   Sie .... Auto.
5 Ich lade meine Familie ein.   Sie .... ihre Freunde ....

4 The verbs in italics are wrong. Cross them out and correct them.

1 Was macht ihr heute? – Wir _trifft_ Christine.   _treffen_
2 _Trifft_ ihr auch Manu? – Ja, klar. Manu kommt auch.   ....
3 Welche Sprachen _sprechst_ du? – Englisch und Deutsch. ....
4 Und zu Hause? Was _spricht_ ihr da? – Immer Italienisch. ....
5 _Esst_ du gerne Pizza? – Nein, lieber Hamburger.   ....

5 Fill in the gaps.

Ladet ... ein   Fährst   Lädt ... ein   Lädst ... ein   ~~fährt~~

1 Mein Bruder spielt Tennis und er _fährt_ gerne Ski. – Ja, und du? .... du auch Ski?
2 .... du oft Freunde ....? – Ja, am Wochenende.
3 Sie hat Geburtstag. – Und? .... sie ihre Familie ....?
4 .... ihr auch deine Mutter ....? – Ja, sicher.

6 Read the messages and fill in the correct form of the verbs.

Hallo, wir (1) _fahren_ (fahren) jetzt in die Stadt.
Jo und ich nehmen den Bus.
Tim (2) .... (fahren) mit dem Auto.
Wir gehen ins Parkcafé und (3) .... (treffen)
Carla. Kommt ihr auch? Liebe Grüße

Hi, ja, klar. So um elf. Paula arbeitet noch und
ich (4) .... (lesen).
Liebe Grüße

7 Read about Maria and Sara and fill in the verbs.

neuinberlin/blogpost.de

Hi, ich heiße Maria. Und meine Freundin heißt Sara. Sie kommt aus Madrid und ist neu in Berlin. Sie
studiert und (1) .... zwei Sprachen, Spanisch und Englisch. Sara (2) .... gerne Krimis, sie
feiert gerne und (3) .... gerne Freunde ein. Und sie (4) .... Ski. Sie trinkt gerne Wein und sie
(5) .... am liebsten Hamburger.

8 Tell something about a person you love. Take the text in 7 as a model.

Das ist ....

....

6 Geh! Geht! Gehen Sie!

Imperativ

A Read and match the photos and the speech bubbles.

> 1 _____ Steht langsam auf!
> Atmet ein! Dann atmet aus!

> 2 _____ Mach bitte deine Hausaufgaben!
> Lern bitte deine Vokabeln! Lies bitte den
> Text! Und geh bitte in dein Zimmer!

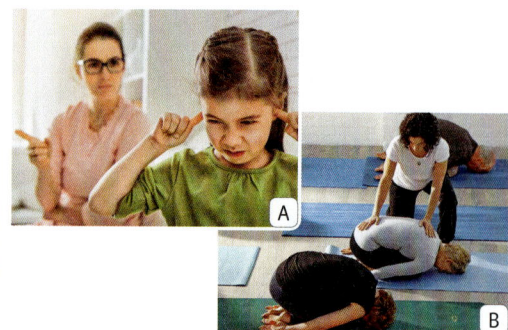

A

B

B Add the missing infinitives.

_____	_____	_____	_____
(du) single person, casual	Geh!	Lies!	Steh auf!
(ihr) two or more people, casual	Geht!	Lest!	Steht auf!
(Sie) single person or group of persons, polite	Gehen Sie!	Lesen Sie!	Stehen Sie auf!

C Read about the imperative.

- The imperative is used when giving orders or advice. We usually add *bitte* to make it more polite.
- The following shows how to form the imperative:

casual	Du kaufst ein.	→ Kauf ein!	Du isst.	→ Iss!
casual	Ihr kauft ein.	→ Kauft ein!	Ihr esst.	→ Esst!
Polite or	Sie kaufen ein.	→ Kaufen Sie ein!	Sie essen.	→ Essen Sie!

1 In your class. Write imperatives using *bitte*.

~~lernen~~ buchstabieren schreiben

du	*Lern bitte!*
ihr	*Lernt bitte!*
Sie	*Lernen Sie bitte!*

2 Write down the imperatives.

1 ~~Du~~ liest. *Lies bitte!*   **3** ~~Du isst.~~ _____   **5** ~~Du~~ sprichst. _____

2 ~~Du~~ siehst. _____   **4** ~~Du~~ hilfst. _____

3 Fill in the table.

du	Steh bitte auf!	Kauf bitte ein!	Ruf bitte an!	Fang bitte an!
ihr	*Steht bitte auf!*			
Sie	*Stehen Sie bitte auf!*			

4 Mom writes messages to Paul und Emma. What are they supposed to do? Fill in the verbs.

Paul:
(1) *Mach* (machen) bitte deine Hausaufgaben!
(2) _____ (reparieren) bitte dein Fahrrad!
Und (3) _____ (waschen) bitte deine Hände!
Bis später, Mama

Paul und Emma:
(4) _____ bitte die Fenster _____ (zumachen)!
(5) _____ (trinken) bitte den Orangensaft!
(6) _____ (essen) bitte keine Schokolade!
(7) _____ (lernen) bitte die Vokabeln!
Bis später, Mama

Emma:
(8) _____ bitte deine Oma _____ (anrufen)!
(9) _____ (helfen) bitte deiner Freundin beim Englischtest!
(10) _____ bitte Milch und Butter! (kaufen)
Bis später, Mama

5 Is the teacher addressing a single student or the class? Tick.

1 Lies bitte auf Seite 22. – Ja, klar.   ⊗   ○

2 Fangt schon an! Ich komme gleich. – Okay. Machen wir.   ○   ○

3 Arbeitet in Gruppen! – Zu dritt oder zu viert?   ○   ○

4 Sprich bitte lauter! – Das kann ich aber nicht.   ○   ○

5 Bitte buchstabier das mal! – A-P-F-E-L.   ○   ○

6 Write imperatives using *bitte*.

1 (an die Tafel gehen) Christian, *geh bitte an die Tafel!*

2 (die Aufgabe zusammen machen) Jakob und Nina, _____

3 (das Wort buchstabieren) Wie schreibt man das? Peter, _____

4 (lauter sprechen) Ich versteh dich nicht. _____

5 (anfangen) Hallo, David und Fabiana. Ich komme gleich. _____

7 Write down three sentences with imperatives your teacher often uses.

Lest bitte den Text! _____

7 Ich stehe um sieben Uhr auf.

Trennbare Verben

A Read about Emma's day and match the texts and the photos. Write down the infinitves.

.... *aufstehen*

07:00 Sie steht früh auf.   17:00 Sie ruft Ben an.
11:00 Sie kauft Lebensmittel ein.   20:00 Sie sieht fern.

B Read A again and fill in the gaps.

	2			Ende
Sie	steht		früh	auf.
Sie	kauft		Lebensmittel	....
Sie	ruft		Ben	....
Wo	kaufst	du	oft	ein?
	Siehst	du		fern?
	Mach		bitte das Licht	aus!

C Read about separable verbs and tick what is correct.

- *auf, an,* … are separated from the verb and move to ○ the end / ○ the beginning of the sentence. The main part of the verb stays in position 2.
- Some of the most important so-called separable verbs are:

an⎪rufen	ein⎪kaufen	an⎪machen	ein⎪steigen
auf⎪räumen	ein⎪schlafen	↔	↔
auf⎪stehen	fern⎪sehen	aus⎪machen	aus⎪steigen

1 Read and underline the separable verbs. Underline the separable verbs and fill in the cross-word puzzle using the infinitives.

1 Wann stehst du morgens auf? – Um sechs.
2 Wo steigen wir aus? – Am Potsdamer Platz.
3 Emma, mach bitte das Licht aus! – Ja, klar.

2 Underline the separable verbs and fill in
the crossword puzzle using the infinitives.

☞ 3 Ich <u>stehe</u> um sieben Uhr <u>auf</u>.
4 Dann rufe ich Paul an.
5 Um elf Uhr mache ich das Licht aus.
6 Ich kaufe um zwei Uhr im Supermarkt ein.

👆 1 Um zehn Uhr räume ich die Wohnung auf.
2 Abends sehe ich fern.

Crossword: ³A U F S T E H E N (1, 2, 4, 5, 6)

3 Complete the table with the sentences from 2.

	2				Ende
Ich	stehe			um sieben Uhr	auf.
Dann	rufe	ich		Paul	an.

4 Who does what? Write sentences.

1 Emma / halb zehn / auf✂stehen — *Emma steht um halb zehn auf.*
2 Fabio / abends / ein✂kaufen
3 am Alexanderplatz / Anna / aus✂steigen
4 Martha / nachmittags / fern✂sehen

5 What would you like to ask your colleague? Write questions.

1 wann / auf✂stehen / du — *Wann stehst du auf?*
2 beim Frühstück / fern✂sehen / du
3 aus✂steigen / du / immer am Potsdamer Platz
4 wann / deine Mutter / an✂rufen

6 This is what my parents want me to do! Fill in the gaps using the imperative form.

1 auf✂stehen *Steh* bitte *auf*!
2 aus✂machen _____ bitte das Licht _____!
3 auf✂räumen _____ doch bitte _____!
4 ein✂steigen _____ bitte _____!

7 A typical day. Write down what is true for you.

~~aufstehen~~ aufräumen anrufen einkaufen fernsehen ausmachen einschlafen

Ich stehe um 7 Uhr auf.

8 Ich habe Deutsch gelernt.

Perfekt 1: regelmäßige Verben mit *haben*

A Read the job interview and underline the verbs that refer to the past.

Kommen Sie aus Wien?

Ja, aber ich wohne in Berlin. In Wien <u>habe</u> ich die Schule <u>besucht</u>.

Haben Sie einen Beruf gelernt?

Nein, ich studiere noch.

Ah, okay. Ist denn Ihr Englisch gut?

Ja, sehr gut. Ich habe ein Jahr in England gelebt und studiert.

B Read A again and fill in the gaps.

	2			Ende	
Ich	habe		in England	....
	Haben	Sie	einen Beruf	.... ?
Sie	hat		das Gymnasium	besucht.
Er	hat		in Berlin	studiert.

Infinitiv	→ Partizip Perfekt	
lernen	→ gelernt	ge- ...t
studieren	→ studiert	...t

C Read about the present perfect and fill in the gap.

- When talking about the past we use the present perfect, no matter how long ago the incident we are talking about took place.
- The present perfect consists of two parts: .... and the past participle which goes to the end of the sentence.
- The past participle is based on the infinitive of the verb.

1 Read the poem and underline the prefixes and the endings of the past participles.

> ## Dialog – Spaß gehabt
>
> Was hast du denn <u>gemacht</u> heute Nacht?
> *Gefeiert! Getanzt! Gelacht!*
> Gelernt? Gearbeitet?
> *Nein! Nein! Getanzt, gelacht und Spaß gehabt?*
> Oh! Spaß gehabt!

2 Add the past participles.

ge- ...t				...t	
lernen	_gelernt_	kochen		reparieren	_repariert_
fehlen		schneien		trainieren	
fragen		reisen		verdienen	
holen		sagen		verkaufen	
hören		spielen		telefonieren	

3 Mark the past participles and sort them.

(studiert)(gelebt)gehabtbenutztgearbeitetgesuchtgeschmecktbuchstabiertbezahltbestellt

ge- ...t	_gelebt_
t	_studiert_

4 Fill in the gaps.

1 ich	habe gemacht	→ _machen_	Ich _habe_ gerade Hausaufgaben _gemacht_ .
2 du	hast gelernt	→ _____	_____ du heute schon _____ ?
3 er / es / sie	hat telefoniert	→ _____	Er _____ mit seiner Mutter _____ .
4 wir	haben gehört	→ _____	Wir _____ Jazz _____ .
5 ihr	habt besucht	→ _____	_____ ihr Annika und Jan _____ ?
6 sie / Sie	haben gespielt	→ _____	Sie _____ Basketball _____ .

5 Fill in the gaps.

~~lernen~~ spielen reparieren fragen hören schneien verkaufen

1 Sprichst du Deutsch? – Ja, ich _habe_ es in der Schule _gelernt_ .

2 Was habt ihr gemacht? – Wir _____ Musik _____ .

3 Und was denkt sie? – Ich bin nicht sicher. Ich _____ sie nicht _____ .

4 Wie war das Wetter? – Kalt! Und es _____ .

5 Wo ist dein Auto? – Ich habe kein Auto mehr. Ich _____ es _____ .

6 Läuft das Fahrrad wieder? – Ja, ich _____ es _____ .

7 _____ du Fußball _____ ? – Nein, ich war im Fitness-Studio.

6 Read and note the differences. Then translate.

Deutsch	Englisch	Meine Sprache
Wir haben letzte Nacht getanzt.	We danced last night.	
Wir haben im Sommer 1990 getanzt.	We danced in the summer of 1990.	

7 Write three sentences about your past using the present perfect.

Ich habe in Paris gelebt.

9 Wir haben Pommes frites gegessen.

Perfekt 2: unregelmäßige Verben mit *haben*

A Read the diary entry and underline the perfect forms.

Mein Tagebuch

Sonntag, 15. Juni

Heute sind wir auf Sylt.
Sylt ist super!
Mittags <u>habe</u> ich Fisch
und Pommes frites
<u>gegessen</u>.

Am Nachmittag haben wir am
Strand gelesen und geschlafen.
Die Sonne, der Wind! Cool!
Am Abend haben wir Cocktails
in der *Wunderbar* getrunken.

B Read A again and fill in the gaps.

	2			Ende
Ich	habe		Fisch	....
	Hast	du	das Buch	gelesen?
Sie	hat		viel	geschlafen.
Wir	haben		Cocktails	....

Infinitiv	→ Partizip Perfekt			
lesen	→ ge**les**en	essen	→ ge**gess**en	
schlafen	→ ge**schlaf**en	finden	→ ge**fund**en	
sehen	→ ge**seh**en	trinken	→ ge**trunk**en	ge…en
halten	→ ge**halt**en			
geben	→ ge**geb**en			

C Read about the present perfect.

- The past participle goes to the end of the sentence.
- Notice the irregularities: *essen → ge<u>gess</u>en, finden → ge<u>fund</u>en, trinken → ge<u>trunk</u>en.*

1 Write down the dialogues.

- ◆ H4st du d4s Buch d3nn schon g3l3s3n? *Hast du das Buch*
- ◉ N31n, h4b3 1ch n1cht. ....

- ▲ H4st du d3n F1lm g3s3h3n? *Hast*
- ◘ J4, 3r w4r sup3r. ....

- ◆ H4st du gut g3schl4f3n? ....
- ◉ J4, d4nk3. ....

9

2 Crossword puzzle. Fill in the infinitives.

☞ 1 gesehen, 2 gehalten, 6 gegessen, 7 getrunken

✍ 1 geschlafen, 3 gelesen, 4 gefunden 5 gegeben

¹S E H E N

3 Sort and fill in the letters from the puzzle (orange boxes). What's the name of this big city in the north of Germany?

___ m ___ u ___ ___

4 Fill in the gaps.

ich	habe *gesehen*	→ sehen	Ich *habe* Maria im Deutschkurs *gesehen*.
du	hast _____	→ essen	_____ du heute Mittag etwas _____?
er / es / sie	hat _____	→ halten	Der Zug _____ nicht in Köln _____.
wir	haben _____	→ lesen	Wir _____ Harry Potter _____.
ihr	habt _____	→ schlafen	_____ ihr gut _____?
sie / Sie	haben _____	→ trinken	Sie _____ nur Cola _____.

5 Read the text and fill in the past participles.

getrunken gegessen gelesen ~~getrunken~~ gespielt geduscht geschlafen

Heute waren wir auf Sylt. Sylt ist wirklich super!
Am Vormittag waren wir in der Stadt, in Westerland. Wir haben Kaffee (1) *getrunken* und Croissants (2) _____. Am Nachmittag waren wir dann am Strand. Nils und Nina haben Beachvolleyball (3) _____. Ich habe Zeitung (4) _____ und ein bisschen (5) _____. Ich war richtig müde. Im Hotel haben wir dann (6) _____. Am Abend haben wir Cocktails in der *Wunderbar* (7) _____

6 Fill in the correct forms.

1 Hast du Durst? – Nein, danke. Ich *habe* schon etwas *getrunken* (trinken).
2 Du, der Bus _____ nicht _____ (halten). – Was? Vielleicht _____ der Fahrer dich nicht _____ (sehen).
3 _____ ihr viel _____ (essen)? – Also, ich nicht. Nur einen Salat und einen Nachtisch.
4 Wo ist denn der Schlüssel? – Tut mir leid, ich _____ ihn nicht _____ (finden).

7 Write sentences about things you did this morning using *haben*.

duschen *Ich habe geduscht.*　　　　Kaffee trinken _____
Zeitung lesen _____　　　　Müsli essen _____

23

10 Wir sind Fahrrad gefahren.

Perfekt 3: Verben mit *sein*

A Read the diary entry and underline the present perfect forms.

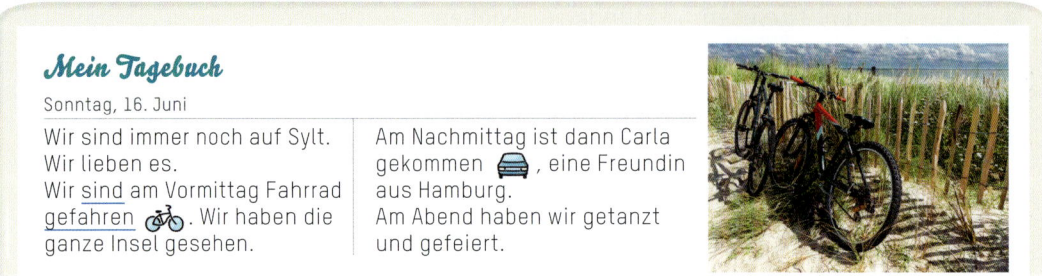

Mein Tagebuch

Sonntag, 16. Juni

Wir sind immer noch auf Sylt. Wir lieben es. Wir sind am Vormittag Fahrrad gefahren. Wir haben die ganze Insel gesehen.

Am Nachmittag ist dann Carla gekommen, eine Freundin aus Hamburg. Am Abend haben wir getanzt und gefeiert.

B Read A again and fill in the gaps.

	2			Ende
Wir	sind		am Vormittag Fahrrad	....
Heute	ist		meine Freundin Carla	....
	Bist	du	denn heute schon	gelaufen?

Infinitiv	→ Partizip Perfekt		
fahren	→ gefahren	laufen → gelaufen	ge...en
kommen	→ gekommen	gehen → gegangen	

C Read about the present perfect.

- Some verbs take *sein* to form the present perfect. They usually refer to movement from A to B.
- Note the irregular verb form: *gehen → gegangen*.

A →→→→→→→→ B
fahren kommen   laufen gehen

1 Match the sentences.

1 Bist du heute morgen gelaufen?
2 Ist denn Annika noch gekommen?
3 Und wo ist Tim?

a Tim? Er ist einfach gegangen.
b Ja, im Westpark.
c Nein, sie ist leider nicht gekommen.

2 Match the infinitives with the past participles and write them down.

~~fahren~~ laufen kommen gehen

~~gefahren~~ gekommen gegangen gelaufen

fahren – gefahren ....

3 Fill in the gaps.

1 ich	bin _gelaufen_	→ laufen	Ich _bin_ heute morgen im Westpark _gelaufen_.
2 du	bist _____	→ kommen	Du _____ am Nachmittag _____.
3 er / es / sie	ist _____	→ fahren	Sie _____ nach Wien _____.
4 wir	sind _____	→ gehen	Wir _____ auf die Party _____.
5 ihr	seid _____	→ fahren	_____ ihr in die Stadt _____?
6 sie / Sie	sind _____	→ gehen	Sie _____ ins Kino _____.

4 Read the dialogue and fill in *haben* or *sein*.

◆ Was (1) _habt_ ihr denn gestern gemacht?

○ Wir (2) _____ gefrühstückt. Dann (3) _____ wir in die Stadt gefahren. Wir (4) _____ auf den Markt gegangen und (5) _____ Obst und Gemüse gekauft. Dann (6) _____ wir in ein Café gegangen und (7) _____ Cappuccino getrunken. Jan (8) _____ auch ein Croissant gegessen.

◆ Und am Nachmittag?

○ Am Nachmittag (9) _____ ich im Westpark gelaufen. Dann (10) _____ ich geduscht und dann (11) _____ Nina gekommen.

◆ Und was (12) _____ ihr am Abend gemacht?

○ Wir (13) _____ ins Kino gegangen und (14) _____ „Tage in Rom" gesehen. Der Film war super! Und dann (15) _____ wir noch einen Cocktail getrunken. Ich (16) _____ sehr spät ins Bett gegangen.

5 Julian is a student. Read about his Monday. Then write his report using the present perfect.

Am Montag schlafe ich lange. Dann frühstücke ich. Ich trinke Kaffee und esse Toast. Am Vormittag lese ich die Zeitung. Dann lerne ich ein bisschen. Am Nachmittag gehe ich in die Uni. Dann mache ich Sport. Am Abend höre ich Musik und gehe ins Bett.

Am Montag habe ich lange geschlafen.

_____

_____

_____

_____

6 Have you ever ...? Write a minimum of three questions.

Hast du schon einmal Sushi gegessen?

_____

_____

11 Ihr könnt unsere Parkplätze benutzen.

Modalverb *können*

A What's free of charge at Fitness First? Match the phrases with the photos.

www.fitnessfirst.netz/info

Bei Fitness First geht alles. Und das ist auch noch gratis:

1 _B_ Ihr könnt unsere Parkplätze benutzen.   3 .... Ihr könnt Fitness-Drinks und Wasser trinken.
2 .... Ihr könnt ein Probetraining machen.

A

B

C

B Read A again and fill in the gap.

	können				2			Ende
ich	kann			Ich	kann		schnell	laufen.
du	kannst			Du	kannst		in die Schule	gehen.
er / es / sie	kann			Er/Sie	kann		morgen	kommen.
wir	können			Wir	können		Gitarre	spielen.
ihr	....			Ihr	könnt		Wasser	trinken.
sie / Sie	können			Können	sie		die Parkplätze	benutzen?

C Read about *können*.

- *können* is a modal verb. It is in position 2. The infinitive of the verb is always at the end.
- ö → a: Notice the vowel change after *ich, du, er / es / sie*.
- *können* has two possible meanings:
  possibility → Ihr könnt Wasser trinken. = You can (= may) drink water.
  skill   → Ich kann Gitarre spielen. = I can (= know how to) play the guitar.

1 Possibility or skill? What's the meaning? Read and tick.

	possibilty	skill
1 Kann er denn gut backen? – Ja, das kann er wirklich toll.	○	⊗
2 Können Sie morgen kommen? – Nein, tut mir leid.	○	○
3 Wie ist sein Deutsch? – Wirklich super! Er kann sehr gut sprechen.	○	○

2 *a* or *ö*? Fill in the gaps.

1 er k *a* nn **2** wir k......nnen **3** du k......nnst **4** ihr k......nnt

3 *kann* or *kannst*? Read and underline the correct form.

◆ Unser Fitness-Studio ist cool!
⚪ Ach, wirklich?
◆ Ja, du (1) *kann* / <u>*kannst*</u> bis 24 Uhr trainieren.
⚪ Und Kurse?
◆ Haben wir auch. Ich (2) *kann* / *kannst* auch Yoga machen. Das ist mein Lieblingssport.
⚪ Gibt es denn Parkplätze?
◆ Ja, du (3) *kann* / *kannst* die Parkplätze gratis benutzen.
⚪ Und die Trainer?
◆ Mein Trainer heißt Mark. Er ist süß. Und er (4) *kann* / *kannst* richtig gut erklären.

4 Read 3 again and write down the sentences with *kann*.

	2		Ende
Du	*kannst*	*bis 24 Uhr*	*trainieren.*

5 *können* or *könnt*? Choose the correct form.

Können ———— Sie morgen noch einmal kommen?
Könnt
ihr denn zum Yogakurs kommen?
wir mal zusammen trainieren?
ihr bitte den rechten Arm heben?

6 *kann* or *können*? Fill in the gaps.

1 *Kann* Nina auch montags trainieren? – Nein, montags hat sie Deutschkurs.
2 Und wie ist der neue Trainer? – Cool! Und er .... super erklären.
3 Mann, ist das warm hier! .... wir jetzt etwas trinken? – Ja, sicher.
4 .... wir mal einen Kurs zusammen machen? – Ja, gerne.
5 .... er denn auch Fußball spielen? – Nein, kann er nicht. Aber sie .... sehr gut spielen.

7 What are you very good at / good at / not so good at? Write sentences about yourself.

sehr gut *Ich kann sehr gut kochen.*
gut ....
(gar) nicht ....

12 Muss ich mehr arbeiten?

Modalverb *müssen*

A Read the poem and underline *musst* and the infinitives.

Muss ich ...?

Du musst viel Geld verdienen!
Muss ich?
Du musst mehr arbeiten!
Muss ich?
Du musst die E-Mails checken.
Muss ich?
Du musst ...

B Read A again and fill in the gaps.

	müssen
ich	....
du	....
er / es / sie	muss
wir	müssen
ihr	müsst
sie / Sie	müssen

	2			Ende
Du	musst		viel Geld	verdienen.
Er	muss		noch	telefonieren.
Wir	müssen		den Film	sehen.
Morgen	müsst	ihr		arbeiten.
	Musst	du	nicht bald	gehen?

C Read about *müssen*.

- *müssen* is a modal verb. It is in position two. The infinitive of the verb is always at the end.
- ü → u: Notice the vowel change after *ich, du, er / es / sie*.
- When using *müssen* we express that we must / are obliged to do something.

1 Fill in *ü* or *u*.

1 Ich m_u_ss jetzt leider gehen. – Okay, bis bald.
2 Wann m....ss dein Sohn zu Hause sein? – Um acht.
3 Wir m....ssen die Schlüssel abgeben. – Ja, stimmt! Und wo?
4 Und was mache ich jetzt? – Du m....sst das hier anklicken.

2 It's the weekend. But there are lots of things to do. Fill in *muss* or *musst*.

1 Ich _muss_ zum Frühstück Brötchen kaufen.
2 Du .... Eier und Kaffee für unsere Gäste machen.
3 Ich .... Tim zum Fußball-Training bringen.
4 Du .... im Supermarkt für das Abendessen einkaufen.

3 Do you remember the usage of *du*, *Sie* and *ihr*? Match what you think is correct.

du musst you address somebody formally
Sie müssen you address somebody informally
ihr müsst you address a group of people informally

4 Questions that come up in the office. Match the correct form of *müssen* with the rest of the sentence.

Musst Sie noch auf einen Kunden warten?
Müssen du noch eine E-Mail schreiben?
Müsst ihr auch zum Chef gehen?
Sie heute auch noch telefonieren?
ihr jetzt nicht ins Meeting?

5 Put the following sentences in the right order and write them down in the table below.

1 muss / David / lernen. / noch Vokabeln
2 Emilie / kaufen. / Getränke für die Party / muss
3 in die Stadt / muss / gehen. / Sie
4 gehen. / muss / Er / jetzt

	2		Ende
David	muss	noch Vokabeln	lernen.

6 Fill in *müssen* or *können* using the correct form.

◆ Oje, ich (1) *kann* die Übung nicht machen.
⬤ Warum nicht? Die Übung ist doch ganz leicht.
◆ Ich (2) _____ nicht! Mein Kopf tut weh und ich bin müde.
⬤ Du (3) _____ aber lernen! Die Prüfung ist in zwei Tagen.

◻ So, wir (4) _____ jetzt gehen.
⬤ Ach, (5) _____ ihr nicht noch ein bisschen bleiben?
◻ Nein, tut mir leid.
⬤ Warum? Hast du bald eine Prüfung?
◻ Ja, morgen. Und da (6) _____ ich fit sein.

7 Write two more lines for the poem *Muss ich ...?*

Du musst _____

_____

13 Was willst du werden?

Modalverben *wollen* / *möchten*

DISCOVER IT

A Read about these people and their wishes. Match the photos and the texts.

Nur eine Frage – Was willst du werden?

1 .... Computer sind mein Ding.
Ich will IT-Ingenieurin werden.
2 .... Ich liebe Sport. Ich möchte
Fitnesstrainerin werden.

 A

 B

B Read A again and complete the table.

	wollen	möchten
ich	....	....
du	willst	möchtest
er / es / sie	will	möchte
wir	wollen	möchten
ihr	wollt	möchtet
sie / Sie	wollen	möchten

	2			Ende
Ich	will		IT-Ingenieur	werden.
Sie	möchte		den Film	sehen.
	Wollen	wir	eine Party	machen?

C Read about *wollen* and *möchten*.

- *wollen* and *möchten* are in position two. The infinitive of the verb is always at the end.
- o → i: Notice the vowel change after *ich, du, er / es / sie*.
- *wollen* is quite a strong wish (I want it!), *möchten* is softer and more polite (I'd like ...).
- *wollen* is used in questions to suggest something.

PRACTICE IT

1 Mark the forms of *möchten* and *wollen* in the grid and fill in the table.

	möchten	wollen
ich	*möchte*	*will*
du		
er / es / sie		
wir		
ihr		
sie / Sie		

S	W	Q	Z	M	W	Y	Z	C	V
C	I	W	M	Ö	C	H	T	E	B
Y	L	M	Ö	C	H	T	E	N	Y
X	L	R	N	H	R	M	M	W	E
Q	A	T	T	R	M	Ö	O	M
W	R	U	P	E	I	Ö	C	L	W
W	O	L	L	T	R	C	H	L	O
I	O	P	A	C	V	H	T	E	L
A	S	M	Ö	C	H	T	E	N	L
W	I	L	L	J	K	E	T	Y	E
A	S	Q	W	R	T	S	O	U	N
M	W	I	L	L	S	T	P	I	Z

2 In your German class. *i* or *o*? Fill in the gaps.

1 Ich will den Text verstehen.
2 Sie w___ll die Übung nicht machen.
3 W___llst du Pause machen?

4 Wir w___llen ein Diktat schreiben.
5 W___llt ihr die Grammatik wiederholen?
6 Er w___ll den Satz lesen.

3 What about a party? Match the sentences.

1 Wollen
2 Willst
3 Wollt
4 Will
5 Wollen

a ihr denn alle Freunde einladen?
b Tina und Tobias auch kommen?
c du nicht die Getränke kaufen?
d wir am Wochenende eine Party machen?
e Tim vielleicht den Grill mitbringen?

4 Fill in the correct form of *möchten*.

möchte   möchtet   ~~möchtest~~   möchten   möchten

1 Paul, was (1) *möchtest* du denn studieren? – Psychologie. Ich (2) _____ gerne mit Menschen arbeiten.
2 (3) _____ Sie auch einen Kurs für MS Office machen, Frau Decker? – Ja, mein Mann und ich. Wir (4) _____ den Kurs beide machen.
3 Hallo, Tobias, hallo, Avia. (5) _____ ihr den Kurs machen? – Ja, ist denn noch was frei?

5 Fill in the correct form of *möchten*.

1 Hast du keinen Hunger? – Nein, danke. Ich *möchte* nichts essen.
2 _____ du ins Kino gehen? – Ich habe leider keine Zeit.
3 Was kann ich für Sie tun? – Ich _____ gerne eine Flasche Wein.
4 Kommt ihr zum Kurs? – Ja, wir _____ Deutsch lernen.

6 Put the sentences in the right order. Choose the correct form of *wollen* and *möchten*.

1 möchten / Er / werden. / Fitnesstrainer   *Er möchte Fitnesstrainer werden.*
2 Sie / Psychologie / studieren. / möchten   _____
3 einen Beruf / Ich / wollen / lernen.   _____
4 Wir / einen Englischkurs / wollen / machen.   _____

7 What are your plans for the future? Write four sentences using *wollen* and *möchten*.

Ich will ein Computerprogramm schreiben.

_____

_____

_____

14 Wir dürfen viel sprechen.

Modalverb *dürfen*

A Rules in your class. What is allowed (✓)? What not (X)? Mark the sentences.

www.deutschkurs.de/blog

Unser Deutschkurs – Was geht? Was geht nicht?

Wir dürfen viel sprechen. ✓   Wir dürfen nicht schlafen. ......   ✔ ✘

Wir dürfen lesen. ......   Wir dürfen nicht telefonieren. ......

Wir dürfen Fehler machen. ......   Wir dürfen keine Musik hören. ......

Wir dürfen Smartphones benutzen. ......

B Read A again and fill in the gaps.

	dürfen
ich	da**rf**
du	da**rf**st
er / es / sie	da**rf**
wir	....
ihr	dür**ft**
sie / Sie	dür**fen**

	2			Ende
Er	darf		auch gerne	telefonieren.
Wir	dürfen		hier nicht	rauchen.
	Darf	ich	dich	einladen?

C Read about *dürfen*.

- *dürfen* is a modal verb. It is in position two. The infinitive of the verb is always at the end.
- ü → a: Notice the vowel change after *ich, du, er / es / sie*.
- When using (*nicht*) *dürfen* we express whether something is allowed or not allowed.
- Questions with *dürfen* are polite requests: *Darf ich Sie etwas fragen? – May I ask you something?*

1 Fill in the table and mark the vowels and the endings.

2 Not allowed! *a* or *ü*? Fill in the gaps.

1 Wir d**ü**rfen hier nicht spielen.
2 Ich d....rf hier nicht rauchen.
3 Ihr d....rft hier nicht Fußball spielen.
4 Sie d....rf hier nicht telefonieren.
5 Sie d....rfen hier nicht parken.

	dürfen
ich	....
du	*da**rf**st*
er / es / sie	....
wir	....
ihr	....
sie / Sie	....

3 Fill in the gaps using the correct form of *dürfen*. Then match each sentence and its meaning.

1 Es geht ihm schon besser. Du *darfst* ihn besuchen.
2 _____ wir Sie zu einem Kaffee einladen?
3 Es _____ nicht mehr als 15 Euro kosten.
4 Achtung! Das _____ Sie nicht tun!
5 Hier im Kurs _____ man nicht essen.
6 _____ ich Sie um etwas bitten?
7 Ihr _____ hier nicht rauchen.
8 Was _____ es denn sein?

polite request
allowed
not allowed

4 The rules in our house apply to some people in particular.

1 Tina und ich: Wir *dürfen* nicht jedes Wochenende grillen.
2 Carla und du: Ihr _____ nicht vor dem Haus parken.
3 Herr Müller: Er _____ nicht laut Musik hören.
4 Du: Du _____ nicht im Wohnzimmer tanzen.
5 Herr und Frau Decker: Sie _____ keine Tiere haben.
6 Ich: Ich _____ nicht im Garten Ball spielen.

5 Put the cards in the right order and write sentences.

| FEN DIE WÖR | WIR DÜR | TERBÜCHER BE | NUTZEN. |

SCHREIBEN. BEITSBUCH INS AR DU DARFST

BEN JULIA SITZEN. DARF NE PAOLA

TAGS ICH DARF MON SPÄ TER KOMMEN.

WIR DÜRFEN DIE WÖRTERBÜCHER
BENUTZEN.

_____

_____

_____

_____

_____

6 *dürfen* or *wollen*?
Read the text messages
and fill in the gaps.

20:14 Ich *darf* nicht telefonieren. Bin gerade im Deutschkurs. ✓✓

20:15 Schon klar! _____ wir uns später treffen?

20:17 Warum? Was _____ du? ✓✓

20:18 Einfach so!

20:20 OK. Um 9 beim Italiener?

7 Think about your
workplace and the rules
and regulations.
Write three sentences.

Wir dürfen nicht rauchen.

_____

15 Was soll ich denn tun?

Modalverb *sollen*

A Jo is sick and writes a message to his mother asking for advice. Then he reports back to his girlfriend Lisa. Read and underline *soll*.

Mama, ich habe Husten, Schnupfen und Fieber. Was soll ich denn tun? 16:15 ✓✓

Trink Tee, iss eine Suppe und bleib im Bett! Schlafen ist wichtig! 16:18

Lisa: Und? Was schreibt Sie?

Jo: Ich soll Tee trinken. Ich soll Suppe essen und ich soll im Bett bleiben.

B Read A again and fill in the gaps.

	sollen
ich	....
du	soll**st**
er / es / sie	soll
wir	soll**en**
ihr	soll**t**
sie / Sie	soll**en**

	2			Ende
Ich	soll		viel Tee	....
Heute	sollst	du	eine Suppe	....
Er	soll		im Bett	bleiben.
	Soll	sie	nicht schon	schlafen?

C Read about *sollen*.

- *sollen* is a modal verb. It is in position two. The infinitive of the verb is always at the end.
- *sollen* is used when reporting what somebody else told you to do.
- It is used when you are expected to do something (*du sollst* = you are supposed to do).
- It is used when giving an advice (*du sollst* = you should).
- In questions *sollen* is used when suggesting something.

1 Complete the table and mark the endings.

2 Fill in the gaps using the correct form of *sollen*.

1 Wir _sollen_ die Übung 5 im Arbeitsbuch machen.
2 Er .... den Text lesen.
3 Ich .... pünktlich zum Kurs kommen.
4 .... ihr auch die Vokabeln lernen?
5 Du .... doch im Kurs nicht telefonieren!

	sollen
ich	....
du	soll*st*
er / es / sie	....
wir	....
ihr	....
sie / Sie	....

3 Mark is a typical manager, always travelling and rarely at home. Read his message to Karen. Then write down what she reports back to their friends .

✉

Hallo Karen,
ich komme am Wochenende. Holt bitte
den Grill aus der Garage und kauft
Steaks und Bier. Macht bitte auch einen
Salat und ruft Sara und Tim an.
Bis bald, Mark

◆ Und was schreibt Mark?
○ *Er kommt am Wochenende. Wir sollen den*
Grill

4 A doctor's advice. Write sentences using *sollen*.

1 Schlafen Sie viel!   Der Arzt hat gesagt,   *ich soll viel schlafen.*
2 Trinken Sie viel Tee!   Der Arzt hat gesagt,
3 Nehmen Sie die Tabletten!   Der Arzt hat gesagt,
4 Bleiben Sie im Bett!   Der Arzt hat gesagt,

5 Write questions and suggest things.

1 ich / Soll / aufstehen?   *Soll ich aufstehen?* – Ja, bitte.
2 wir / Sollen / die Tabletten / bestellen?   – Ja, gerne.
3 ich / Ihnen helfen? / Soll   – Nein, danke.
4 ich etwas / Soll / mitbringen?   – Ja, bring bitte Tee mit.
5 kommen? / Soll / ich / heute   – Ja, der Arzt möchte Sie sehen.
6 mehr Sport machen? / Sollt / ihr   – Ja, das hat der Arzt gesagt.

6 Fill in *sollen*. Use the correct form.

1 Du *sollst* im Bett bleiben. – Aber ich muss doch ins Büro.
2 Wir _____ viel Obst essen. Das sagt der Arzt. – Stimmt! Obst ist sehr gesund.
3 Ich gehe jetzt in die Apotheke. _____ ich etwas mitbringen? – Ja, Aspirin, bitte.
4 Der Trainer sagt, ihr _____ viel Wasser trinken. – Okay. Das machen wir.
5 Jan _____ morgen bitte zum Training kommen. – Okay, ich rufe ihn an.
6 Laura und Maria wollen auf den Markt. _____ sie Tomaten mitbringen? – Ja, bitte.

7 Teachers often love giving advice. Imagine what your German teacher might say. Write four sentences using *sollen*.

Er / Sie hat gesagt, ...
wir sollen viel lesen.

16 Der Film

Genus: maskulin, neutral, feminin

A A poster, a magazine and a drink. Write down the correct article.

- *der* Film
- .... Haus
- .... Limo

B Read A again and fill in the gaps.

● maskulin	der Bus	.... Film	der Tee
● neutral	das Auto	.... Haus	das Motorrad
● feminin	die Jacke	.... Limo	die Straße
● Plural	die Autos	die Filme	die Straßen

C Read about articles.

- Nouns are accompanied by an article according to their gender.
- The article may be masculine ● *der*, feminine ● *die* or neuter ● *das*. The article used for the plural is always ● *die*.
- *der*, *das* or *die*? Rules don't really help at the beginning, so it's best to memorize each noun with its corresponding article.

---

1 Transport. Match the nouns and the articles.

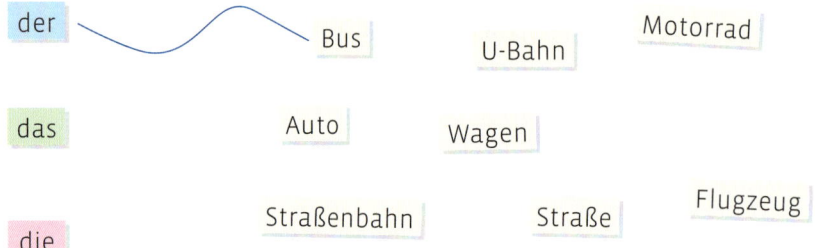

2 Lots of nice things. Sort the words and write them down.

● ~~Auto~~ ● Lampe ● Jeans ● Bluse ● Sofa ● Tisch ● Fahrrad ● Uhr ● Stuhl

● _____ ● _____ ● _____
_____ _ *das Auto* _____ _____

3 Find ten words below and write them down.

kaffee|computerbildtaxipizzajackehandymotorradmarmeladehotel

Kaffee _____

_____

4 Sort the words in 3 according to their gender. Look up the articles in your dictionary.

der Kaffee

das Bild

die Pizza

5 Read and underline the articles.

1 Entschuldigen Sie, wo ist denn <u>das</u> Zentrum? – Gehen Sie einfach geradeaus.
2 Wow, das Auto ist ja cool! – Ja, aber sehr teuer!
3 Wie ist denn der Deutschkurs? – Gut!
4 Hey, die Jacke ist toll! – Danke.

6 *der, das* or *die*? Fill in the gaps.

1 Entschuldigung, wann kommt _*der*_ Bus? – In fünf Minuten.
2 Und was kostet _____ Bild? – Vierhundert Euro.
3 Wie schmeckt denn _____ Kaffee? – Sehr gut, danke.
4 Sag mal, wie findest du _____ Jacke? – Toll!

7 Which are your 10 favorite things? Look them up in your online dictionary and write them down.

das Wochenende, _____

_____

17 Äpfel und Birnen

Singular und Plural

A Read and underline the plural forms of the nouns.

> Entschuldigung, haben Sie auch Obst?

> Ja, hier! Äpfel, Birnen, Orangen …

B Read A again and complete the table.

	Singular	Plural
-n	● Birne	● ....
-en	● Frau	● Frauen
-e	● Tisch	● Tische
-er	● Ei	● Eier
-	● Brötchen	● Brötchen

	Singular	Plural
¨	● Apfel	● ....
¨e	● Sohn	● Söhne
¨er	● Buch	● Bücher
-s	● Café	● Cafés
-nen	● Kollegin	● Kolleginnen

C Read about plural forms.

- Endings often change when nouns are put into the plural (e.g. *Tisch – Tische, Ei – Eier*).
- Sometimes *Umlaute (ä, ü und ö)* are used (e.g. *Apfel – Äpfel, Buch – Bücher, Sohn – Söhne*).
- The plural article for *der, das, die* is *die*.
- Rules don't really help, so it's best to learn the plural form together with the singular form.

1 Underline typical city words. Look up the plural forms and write them down.

● Bank ● Straße ● Stift ● Ampel ● Café ● U-Bahn ● Auto ● Tomate

-n	-en	-s
....	*die Bank – die Banken,*	....
....	....	....

2 *e* or *er*? Look up the words in your dictionary and fill in the gaps.

1 ● Bild *er*   2 ● Kind......   3 ● Lied......   4 ● Arm......   5 ● Schild......   6 ● Bein......   7 ● Film......

3 Write down the plural forms.

1 Brötchen ● *die Brötchen*   2 Kuchen ● ....   3 Hähnchen ● ....

4 *ä* or *ü*? Fill in the gaps.

1 ● F _ü_ ße **2** ● B___ume **3** ● Gr___ße **4** ● Fahrr___der **5** ● M___tter **6** ● Gl___ser **7** ● Z___ge

5 All sorts of words: classroom, food, ... Sort the singular and the plural forms.

● Heft ● Brötchen ● Stifte ● ~~Betten~~ ● Bücher ● Kind ● Pausen ● Ei ● Stühle ● Eier
● Arzt ● Pause ● Ärzte ● Kinder ● Buch ● Stuhl ● ~~Bett~~ ● Stift ● Brötchen ● Hefte

Singular	Plural
das Bett,	*die Betten,*

6 What you need in class. Fill in the gaps.

1 Brauchen wir ein Heft? – Nein, *Hefte* brauchen wir nicht.
2 Ist noch ein Stuhl da? – Ja, da sind doch _____.
3 Hast du einen Stift? – Nein, _____ habe ich nicht.
4 Ein Buch habe ich nicht. – _____ brauchen wir heute auch nicht.

7 What do you need in class? Use the nouns in 6 and find more.

Wir brauchen Hefte, _____
_____

8 Read and underline the correct form.

1 Was essen wir? – Was möchtest du denn? Wir haben *Ei / Eier* und *Kartoffel / Kartoffeln*.
2 Wo sind denn die *Tomate / Tomaten*? – Im Kühlschrank.
3 Haben wir noch Obst? – Ja, wir haben *Apfel / Äpfel*, *Banane / Bananen* und *Birne / Birnen*.
4 Wie schmecken die *Orange / Orangen*? – Die schmecken toll!

9 Add the singular forms to the word clouds.

Eier *das Ei*   Tomaten _____

● Brötchen ● Birne ● Glas   Gäste _____
● Gast ● Tomate ● ~~Ei~~   Geschäfte _____   Gläser _____
● Geschäft ● Blume   Birnen _____
Blumen _____   Brötchen _____

10 Make your own word cloud using your favorite food.

Orangen – die Orange

18 Die Küche kostet nicht viel.

Nominativ

A Read the chat and underline *die* and *eine*.

Die Küche ist von XL-Möbel!
Eine Küche von XL-Möbel kostet nicht viel.

Stimmt! Und die Küchen von XL-Möbel sind cool! ☺

B Read A again and fill in the missing articles.

Nominativ				
	definiter Artikel		indefiniter Artikel	
● maskulin	der	Tisch	ein	Tisch
● neutral	das	Haus	ein	Haus
● feminin	....	Küche	ein**e**	Küche
● Plural	....	Küchen	---	Küchen

Subjekt (Wer/Was?)	2 Verb	
Die Küche	ist	cool.
Eine Küche von XL-Möbel	ist	billig.
Mein Vater	ist	nett.

C Read about the nominative.

- Nouns in subject position take the nominative and may refer to persons or things.
- There is no plural article for *ein-*.
- The singular forms of *ein-*, *mein-* and *kein-* have the same endings.

1 Fill in the articles in the nominative.

●	*der*	Tisch	....	Tisch	....	Tisch	....	Tisch
●	....	Sofa	*ein*	Sofa	....	Sofa	*kein*	Sofa
●	....	Lampe	....	Lampe	*meine*	Lampe	....	Lampe

2 Sort the following nouns and write them down with the correct article.

● ~~Bäckerei~~ ● Restaurant ● Gemüseladen ● Kirche ● Geschäft ● Spielplatz ● Metzgerei ● Schule ● Café ● Straße ● Kindergarten ● Supermarkt ● Haus

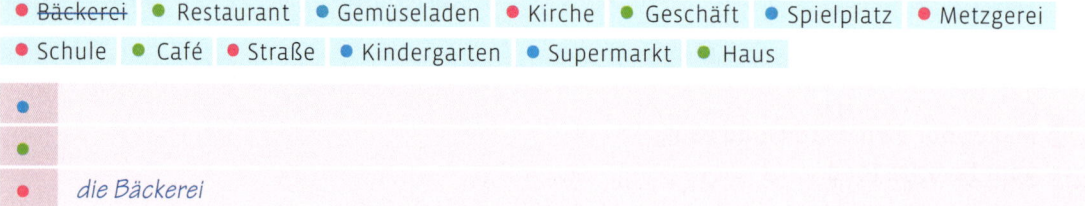

●
●
● *die Bäckerei*

3 Liane and Manuel are talking about their neighborhood while looking at Google maps. Read and fill in the definite articles.

◆ Und du wohnst in der Schmellerstraße?

○ Ja, (1) _die_ Schmellerstraße ist hier, nicht weit vom Zentrum. Da gibt es alles: Metzgerei, Bäckerei, Gemüseladen, Supermarkt. Eine Kirche, ein Kindergarten und ein Spielplatz sind auch da.

◆ Toll! Wo ist denn (2) _____ Bäckerei?

○ Da, siehst du! Da ist (3) _____ Restaurant, da ist auch (4) _____ Metzgerei. Und da ist (5) _____ Bäckerei.

◆ Ah, ja. Und (6) _____ Gemüseladen ist gegenüber. Stimmt's?

○ Ja, genau.

◆ Und (7) _____ Kirche? Wo ist die?

○ Hier, am Ende der Straße. Da sind auch (8) _____ Schule und (9) _____ Kindergarten. Und (10) _____ Spielplatz ist gleich daneben.

◆ Und (11) _____ Supermarkt? Wo ist der?

○ Sieh mal, der ist hier.

4 Read and fill in the indefinite pronouns.

1 Was kostet denn _eine_ ● Küche von XL-Möbel? – Naja, so viertausend Euro.

2 Gibt's hier auch Spielplätze? – Ja, _____ ● Spielplatz ist am Ende der Straße.

3 _____ ● Grill für die Küche ist viel zu teuer. – Findest du? Der hier kostet nur 240 Euro.

4 _____ ● Küchen gibt es viele. – Ja, aber ich möchte die von XL-Möbel.

5 Match the forms of *mein-* and the colors.

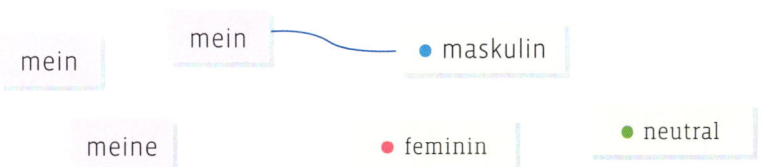

6 Read about Lisa Simpson talking about her family. Underline the correct form of *mein-* .

Ich bin acht und heiße Lisa. (1) *Mein / Meine* Schwester, Maggie, ist ein Jahr alt und (2) *mein /* *meine* Bruder, Bart, ist zehn. (3) *Mein / Meine* Vater heißt Homer und (4) *mein / meine* Mutter ist Marge. Ich bin in der zweiten Klasse und bin Vegetarierin. Ich bin sehr intelligent. (5) *Mein /* *Meine* Hobby ist Musik. Ich liebe Jazz und spiele Saxophon. (6) *Mein / Meine* Freund heißt Murphy. Er ist auch Jazzmusiker.

7 What is important to you? Write down five nouns.

Wichtig ist für mich: _meine Familie,_ _____

19 Ich bestelle einen Salat.

Akkusativ

A Read and underline the articles.

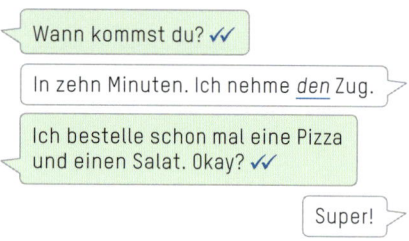

> Wann kommst du? ✓✓

> In zehn Minuten. Ich nehme *den* Zug.

> Ich bestelle schon mal eine Pizza und einen Salat. Okay? ✓✓

> Super!

B Read A again and fill in gaps.

Akkusativ				
	definiter Artikel		indefiniter Artikel	
● maskulin	....	Zug	ein**en**	Zug
● neutral	das	Bier	ein	Bier
● feminin	die	Pizza	....	Pizza
● Plural	die	Tomaten	---	Tomaten

	2 Verb	Objekt (Wen?/Was?)
Ich	nehme	den Zug.
Wir	bestellen	eine Pizza.
Ich	liebe	meinen Vater.
Du	hast	kein Auto.

C Read about the accusative and fill in the gaps.

- Nouns in object position may take the accusative. This is often determined by verbs like e.g. *nehmen, lieben, haben,...* .
- Nouns in object position may refer to persons (*wen?*) or things (*was?*).
- Only masculine articles change: *der* changes to ...., *ein* to ....
- The singular forms of *ein-, mein-* and *kein-* have the same endings.

1 Fill in the articles in the accusative.

●	.... Salat	.... Salat	*meinen* Salat	.... Salat
●	*das* Bier	*ein* Bier	.... Bier	.... Bier
●	.... Pizza	.... Pizza	.... Pizza	*keine* Pizza

2 Read and look at the articles that are marked as accusative.
Use them to fill in the crossword puzzle.

◆ Und was machst du am Wochenende?　◆ Was feiert ihr denn?
○ Ich besuche meinen Vater in Köln.　◆ Wir feiern meinen Geburtstag.

◆ Meine Schwester hat ein Pferd.　◆ Hast du deinen Schlüssel?
○ Wirklich?　○ Ja, hier ist er.

M E I N E N

3 Manu was shopping, but most of the things are missing. Write sentences.

1 Wo ist denn der Wein? – 　*Oh, ich habe den Wein vergessen!*
2 Wo ist denn das Brot? –
3 Und wo sind die Tomaten? –
4 Wo ist denn die Butter? –
5 Und wo ist der Käse? –
6 Wo ist denn der Salat? –

4 In a restaurant. Ask your partner what he / she wants.

1 Möchtest du *einen Wein*? (● Wein)
2 Trinkst du auch _____? (● Bier)
3 Möchtest du _____? (● Cola)
4 Isst du _____? (● Salat)
5 Isst du auch _____? (● Spaghetti)
6 Möchtest du _____? (● Suppe)
7 Nimmst du _____? (● Pommes frites)
8 Trinkst du _____? (● Kaffee)

5 When it comes to food and drink Chris is difficult. Today he doesn't like anything. Fill in *kein-*.

1 Möchtest du einen Tee? – Nein, danke, ich mag *keinen Tee* _____.
2 Nimmst du auch ein Ei? – Nein, danke, ich esse _____.
3 Isst du denn eine Suppe? – Nein, danke, ich möchte _____.
4 Möchtest du einen Burger? – Nein, danke, ich mag jetzt _____.
5 Nimmst du denn einen Salat? – Nein, danke, ich möchte auch _____.

6 In your German class. Fill in the gaps using the accusative and the definite article.

1 Schreibt bitte *den Satz*!　(● Satz)
2 Samira, lies bitte _____!　(● Antwort)
3 Marco, wiederhole bitte _____!　(● Wort)
4 Lernt bitte _____ bis Dienstag!　(● Vokabeln)
5 Unterstreicht bitte _____!　(● Artikel)
6 Hört bitte _____ noch einmal!　(● Dialog)

7 What do you usually take to class with you? Make a list using the indefinite article.
einen Stift,

20 Ich nehme den Computer.

Verben mit Ergänzung: Akkusativ

DISCOVER IT

A Tim is in a computer store. Read his messages and underline the verbs.

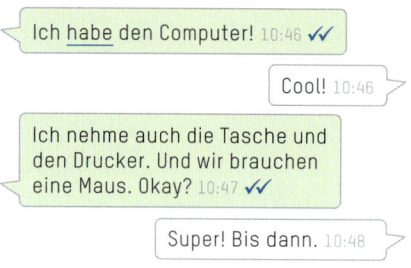

> Ich habe den Computer! 10:46 ✓✓

Cool! 10:46

> Ich nehme auch die Tasche und den Drucker. Und wir brauchen eine Maus. Okay? 10:47 ✓✓

Super! Bis dann. 10:48

B Read A again and fill in the gaps.

	2 Verb	Akkusativobjekt
Ich	....	den Computer.
Ich	....	die Tasche.
Wir	....	eine Maus.
Er	möchte	den Drucker.
Wir	kaufen	einen USB-Stick.
Der Junge	sucht	kein Notebook.

C Read about verbs followed by the accusative and fill in the gap.

- Most sentences consist of a subject, a verb and an object. The verb is in position ....
- Verbs like *haben, nehmen, holen, möchten,* etc. are followed by an object in the accusative.
- Objects may be nouns with definite, indefinite articles, or pronouns. For endings see chapter 19.

! Very important: the only way for you to find out whether the accusative is used or not is to look at the verb. Remember *haben, nehmen, kaufen, suchen, möchten, brauchen, ...* always take the accusative!

PRACTICE IT

1 Sort the verbs that take the accusative and write them down.

| ben | len | ~~es~~ | ha | su | ho | trin | ~~sen~~ | chen | stel | len | ken |

essen .... | + Akkusativ
....

2 Fill in the crossword puzzle by using the infinitives of the underlined verbs. Then fill in the gaps and find the magic word. The letters in the orange boxes of the puzzle may help you.

☞ 3 Möchten Sie den braunen Mantel? – Nein, ich <u>möchte</u> den Mantel in Schwarz.

5 <u>Brauchst</u> du den Drucker noch? – Nein, danke.

6 Ich <u>finde</u> den Schlüssel nicht. – Hier ist er doch.

7 <u>Nimmt</u> sie den Aufzug? – Ja, sie hat eine Koffer.

👆 1 Da ist er doch! – Also, ich <u>sehe</u> den Jungen nicht.

2 Ich <u>liebe</u> meinen Vater. – Ich auch.

4 Mietet oder kauft ihr? – Wir <u>kaufen</u> die Wohnung.

Magic word: A ___ K ___ ___ ___ ___ V

					1	
2		³M	Ö	C	H	T	E	N

3 M Ö C H T E N

3 Write six sentences by adding the correct form of the indefinite article.

ich		• Pullover	*Ich kaufe einen Pullover.*
du	kaufen	• Jacke	
er	nehmen	• Hose	
sie	suchen	• Kleid	
wir	haben	• Tasche	
ihr	brauchen	• Mantel	
sie		• Schuhe	

4 Score goals. Where should the balls go?

1 Sie ⚽ einen Job bei Siemens.

2 Ihr ⚽ das Smartphone.

3 Tim und Nina ⚽ ein Haus in Berlin.

4 Wir ⚽ den Autoschlüssel.

5 Ich ⚽ noch einen Drucker.

⚽ kaufen   ⚽ brauche

⚽ hat   ⚽ suchen

⚽ nehmt

5 Think of things you need or would like to have and write four sentences each.

brauchen   *Ich brauche ein Fahrrad.*

möchten   *Ich möchte einen Hund.*

21 Die Boutique gehört einem Freund.

Dativ

A Funny selfies. Match the photos and the text and underline *dem* and *einem*.

1 ___ Shoppen mit Sarah und Emilie.
Die Boutique gehört einem Freund.

2 ___ Cool, wir fahren mit dem Taxi!

B Read A again and fill in the gaps.

Dativ				
	definiter Artikel		indefiniter Artikel	
● maskulin	dem	Freund	_____	Freund
● neutral	_____	Taxi	ein**em**	Taxi
● feminin	der	Boutique	ein**er**	Boutique
● Plural	den	Freunde**n**	---	Freunde**n**

	2 Verb	Dativ
Wir	fahren mit	dem Taxi.
Das	gehört	einem Freund.
Das Auto	gefällt	meiner Chefin.
Er	hilft	keinem Schüler.

C Read about the dative.

- Nouns in object position may take the dative. This is determined by verbs like *gehören, helfen, gefallen,* etc. and prepositions like *mit*.
- Nouns in object position may refer to persons (*wem?*) or things.
- All articles change. Masculine and neuter have the same articles.
- The singular forms of *ein-, mein-* and *kein-* have the same endings.
- The plural form of the noun usually takes an *n* at the end.

1 Fill in the articles in the dative.

●	mit *dem* Bus	mit *einem* Bus	mit _____ Bus	mit _____ Bus
●	mit _____ Taxi	mit _____ Taxi	mit *meinem* Taxi	mit _____ Taxi
●	mit _____ U-Bahn	mit _____ U-Bahn	mit _____ U-Bahn	mit *keiner* U-Bahn

2 Complete the sentences.

1 ● S-Bahn   Ich fahre gerne *mit der S-Bahn.*
2 ● Straßenbahn   Ich fahre gerne _____.
3 ● Fahrrad   Ich fahre gerne _____.
4 ● Auto   Ich fahre gerne _____.
5 ● Motorrad   Ich fahre gerne _____.
6 ● Zug   Ich fahre gerne _____.

3 Look at the underlined words. Are the articles definite or indefinite?

▼ Was machst du am Wochenende?
■ Ich helfe <u>einem</u> Freund im Garten.

definite

◆ Gehst du zu Fuß?
○ Nein, ich fahre mit <u>dem</u> Bus.

indefinite

◆ Wem gehört das iPad?
○ Das gehört <u>einer</u> Freundin.

▼ Ist das dein Smartphone?
■ Nein, es gehört <u>dem</u> Lehrer.

4 Fill in the gaps using the dative form of *ein-*.

1 Fährst du alleine in Urlaub? – Nein, mit *einer Freundin* (● Freundin).
2 Geht ihr mit den Kindern in den Biergarten? – Nein, mit _____ (● Freunden).
3 Nimmst du den Zug? – Nein, ich komme mit _____ (● Mietauto).
4 Lernst du alleine für die Prüfung? – Nein, mit _____ (● Freund).
5 Fährst du mit deinem Chef? – Nein, mit _____ (● Kollegin).

5 Nothing belongs to me. Fill in the gaps.

Das iPad gehört (1) *meiner Freundin* (● Freundin). Die Maus gehört (2) _____
(● Bruder). Der Laptop gehört (3) _____ (● Schwester). Der Drucker gehört
(4)_____ (● Vater). Der Schreibtisch gehört (5) _____ (● Mutter).
Das Buch gehört (6) _____ (● Lehrer). Der USB-Stick gehört (7) _____
(● Kollegin).

6 Fill in the dative form of *mein-*.

1 Was machst du? – Ich helfe *meinem Vater* im Garten (● Vater).
2 Hast du heute Zeit? – Nein, ich helfe _____ bei den Hausaufgaben (● Schwester).
3 Kommst du jetzt? – Das geht nicht. Ich muss doch _____ helfen (● Bruder).
4 Haben Sie denn Zeit? – Leider nein. Ich bin im Büro und helfe _____ (● Chef).

7 How do you and your fellow students usually go to class? Make a list using *mit*.

mit dem Auto, _____

22 Die Pizza schmeckt der Frau.

Verben mit Ergänzung: Dativ

A Look at the website and match the photos and the text.

www.gut-essen.de

Mmhh, ...

1 _B_ das Bier schmeckt dem Mann!
2 .... die Limonade schmeckt dem Kind!
3 .... die Pizza schmeckt der Frau!

B Read A again and fill in the gap.

	2 Verb	Dativobjekt
Das Bier	....	dem Mann.
Die Wohnung	gefällt	der Frau.
Ich	helfe	einer Nachbarin.
Ich	danke	meinem Freund.
Das Essen	schmeckt	keinem Gast.

C Read about verbs followed by the dative.

- Most sentences consist of a subject, a verb and an object. The verb is in position two.
- Verbs like *danken, gehören, gefallen, helfen*, etc. take the dative.
- Objects may be nouns with definite, indefinite articles, or pronouns. For endings see 21.

! Very important: the only way for you to find out whether the dative is used or not is to look at the verb. Remember *gehören, gefallen*, ... always take the dative.

1 Read and underline the verbs *gehören, gefallen, helfen* and *danken*.

1 Ist das dein Smartphone. – Nein, es gehört meinem Bruder.
2 Der Deutschkurs gefällt dem Mädchen nicht. – Oh, das tut mir leid.
3 Hat Martin denn Zeit? – Nein, er hilft dem Großvater.
4 Gefallen deiner Mutter die Blumen? – Ja, sehr.
5 Wir danken dir. – Gerne.

2 Write sentences.

1 ● Frau / helfen / ● Großvater   *Die Frau hilft dem Großvater.*
2 ● Chef / danken / ● Kollegin
3 ● Auto / gehören / ● Freund
4 ● Pizza / schmecken / ● Kind
5 ● Haus / gehören / ● Chefin
6 ● Kind / helfen / ● Mann

3 Accusative or dative? Make your choice.

a danken
b lieben
c gehören
d gefallen
e nehmen
f kaufen
g helfen
h schmecken
i brauchen
j suchen

1 Akkusativ   **2** Dativ

4 Singular or plural? Write sentences.

der Mercedes		
das Haus	*Singular* *Plural*	dem Lehrer
die Wohnungen		der Chefin
die Stadt	gehört/gehören	der Frau
die Bücher		dem Mann
die Pizza	gefällt/gefallen	der Großmutter
die Äpfel		der Kollegin
die Brötchen	schmeckt/schmecken	

Singular
Der Mercedes gehört der Chefin.

Plural
Die Äpfel schmecken der Großmutter.

5 Is there anybody you would like to help today? Write five sentences.

Ich helfe meiner Mutter.

23 Er ist viel zu klein.

Personalpronomen im Nominativ

A Read and underline *er*, *es* and *sie*. Then fill in the gaps.

facebook   Chronik   Fotos   Infos   Videos

● der Stuhl → *er*   ● das Bett → ....   ● die Lampe → ....

Besser wohnen

Mann, ist der Stuhl hässlich! Und er ist viel zu klein.
Ich finde das Bett nicht schlecht. Aber es ist zu kurz.
Die Lampe ist sehr schön. Und sie kostet nur 95 €.

B Read A again and fill in the gaps.

● maskulin	*Der Stuhl* ist super! → Ja, aber er kostet 250 €.
● neutral	.... ist nicht schlecht. → Stimmt, aber es ist zu kurz.
● feminin	.... ist sehr schön. → Und sie ist günstig!
● Plural	Was kosten denn die Stühle? → Nicht viel, sie kosten nur 48 €.

C Read about personal pronouns and fill in the gaps.

• *er*, *es*, *sie* are called personal pronouns. They replace nouns no matter whether they are persons, animals, or things.
• Masculine is replaced by ......, neuter by ...... and feminine by .... Plural is always ....

1 Match the personal pronouns and the nouns.

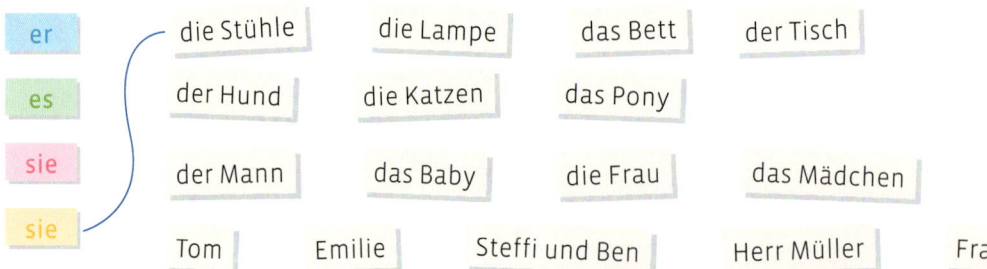

er   die Stühle   die Lampe   das Bett   der Tisch

es   der Hund   die Katzen   das Pony

sie   der Mann   das Baby   die Frau   das Mädchen

sie   Tom   Emilie   Steffi und Ben   Herr Müller   Frau Frank

2 Match the dialogues.

1 Kommen die Möbel aus Spanien?
2 Der Teppich ist aber günstig!
3 Was kostet denn das Sofa?
4 Die Kamera ist aber klein!

a Ja, ein Sonderangebot. Normal kostet er 399 €.
b Nein, sie kommen aus Italien.
c Ja, aber sie ist super!
d Es kostet nur 280 €.

3 er, es or sie? Underline the correct form.

1 Was kostet denn der Drucker? – Er / Es / Sie kostet 125 €.
2 Gut, die Couch nehme ich. – Ja, er / es / sie ist super!
3 Woher kommt das Smartphone? – Er / Es / Sie kommt aus Japan.
4 Ist die Firma in Berlin? – Nein, er / es / sie ist in Hamburg.
5 Was kostet der Teppich? – Er / Es / Sie kostet nur 29,90 €.
6 Wie ist das Apartment? – Super! Und er / es / sie ist richtig groß.

4 er, es or sie? Fill in the gaps.

1 Und die Kamera? Was kostet _sie_?
2 Wow! Die Couch ist cool! Ist _____ wirklich so teuer?
3 Der Drucker kommt aus Japan. Und der Laptop? Woher kommt _____?
4 Wo ist denn die Firma? Ist _____ in Berlin?
5 Und das Fahrrad? Was kostet _____ denn?
6 Der Tisch ist sehr schön! Kommt _____ auch aus Italien?
7 Wo ist die Uhr denn? Ich finde _____ nicht.

5 Write down the questions. er, es or sie? Complete the answers.

1 _Was kostet der Schrank?_ – Der Schrank? _Er_ kostet 330 €.
2 _____ – Meine Firma? _____ist in Berlin.
3 _____ – Der Drucker hier? _____ kommt aus China.
4 _____ – Das Apartment? Super! _____ ist wirklich groß.

6 Complete the message using the words below.

billig   praktisch   groß   weiß

Hi Laura,
ich bin bei *Living* in Berlin.
Wie findest du die Couch? Super! Oder?

Sie ist _____ und _____.
Und der Tisch ist cool, oder?

Er ist _____ und _____.
Eliana

24 Ich liebe dich.

Personalpronomen im Akkusativ

A Read and underline the personal pronouns for Jonas.

> Das ist Laura. Sie ist meine Mutter. Ich liebe sie.
> Das ist Jonas. Er ist mein Vater. Ich liebe ihn.

B Read A again and fill in the gaps in the table below.

	Singular	Plural
1. Person	Sie liebt mich.	Er liebt uns.
2. Person	Ich liebe dich. Ich liebe Sie.	Ich liebe euch. Ich liebe Sie.
3. Person	Ich liebe ihn. Ich liebe es. Ich liebe sie.	Ich liebe sie.

Nominativ	ich	du	er	es	sie	wir	ihr	Sie	sie
Akkusativ	mich	dich	....	es	....	uns	euch	Sie	sie

C Read about personal pronouns.

- Personal pronouns in the accusative follow verbs like *lieben, haben, brauchen, kennen, ...*
- They replace nouns that refer to people, things or animals.

1 *ihn, sie* – Connect nouns and pronouns.

1 Ist das dein Vater? – Ja, ich liebe ihn.   **3** Ist das deine Mutter? – Ja, ich liebe sie.
2 Und ist das dein Bruder? – Ja, kennst du ihn?

2 *ihn, sie* or *es*? – Fill in the gaps.

1 Wartet Carla schon im Fitness-Studio? – Ja, wir holen *sie* ab.
2 Hat David Fieber? – Ja, wir bringen .... zum Arzt.
3 Kommt Sara auch? – Ja, ich sehe .... schon.
4 Das Auto ist doch super, oder? – Ja, ich habe .... schon seit zwei Jahren.
5 Dein Freund ist sehr nett! – Ja, ich liebe ....

3 *Sie* or *dich*? Formal 👤 or informal 👤? Fill in the gaps.

1 Er kennt *Sie* 👤.   **2** Ich brauche .... 👤.   **3** Ich verstehe .... 👤.   **4** Wir sehen .... 👤.

4 *dich* or *euch*?– Read the messages and underline the correct form.

1
Liebe Mama, lieber Papa,
ich komme am Wochenende.
Ich liebe *dich / euch*.
Laura

3
Liebe Carla,
okay, ich rufe *dich / euch* an.
Bis morgen.
Tim

2
Lieber Paul,
bist du schon am Bahnhof?
Ich hole *dich / euch* ab.
Martha

4
Hi Emilia, hallo Jan,
zum Flughafen? Ja, klar.
Ich bringe *dich / euch*.
Ben

5 On the mobile phone. – *mich* or *uns*? Fill in the gaps.

1 Du, Paul! Verstehst du *mich*?
– Ja, ich verstehe dich.
2 Wo seid ihr denn? – Wir sind hier, auf der
Straße. Siehst du ....?

3 Liebst du ....? – Ja, ich liebe dich.
4 Wir warten. Holst du .... ab? – Ja, gerne.

6 Write the sentences again using pronouns.

1 David ist krank. – *Dann bringen wir ihn zum Arzt.* (Dann bringen wir <u>David</u> zum Arzt.)
2 Liebst du deine Kinder? – .... (Ja, ich liebe <u>meine Kinder</u> sehr.)
3 Müssen Jan und Ben ins Büro kommen? – ....
(Ja, wir brauchen <u>Jan und Ben</u>.)
4 Die Tür ist noch auf. – .... (Okay, ich mache <u>die Tür</u> zu.)
5 Wie heißt der Mann da? – .... (Ich kenne <u>den Mann</u> nicht.)

7 Fill in the speech bubbles. Write the sentences in German and in your own language.

Deutsch	Englisch	Meine Sprache
	He loves me. *He loves me not.*	

8 Who do you love? And what do you love? Choose from the nouns and write three sentences.

● Freund ● Frau ● Auto ● Haus ● Freundin ● Mutter ● Vater ● Kind ● Job

Meinen Freund? Ja, ich liebe ihn.

25 Gefällt mir.

Personalpronomen im Dativ

DISCOVER IT

A Read the poem. Then match the likes.

Gefällt uns

Ich mag München.
Du liebst Wien.
Und wir wohnen gerne in Berlin.

Du magst die Berge.
Ich liebe die Sonne und den Strand.
Und wir leben gerne auf dem Land.

👍 Gefällt mir.

👍 Gefällt dir.

👍 Gefällt uns.

B Read A again and fill in the gaps in the table below.

	Singular	Plural
1. Person	Berlin gefällt mir.	Berlin gefällt uns.
2. Person	Berlin gefällt dir. Berlin gefällt Ihnen.	Berlin gefällt euch. Berlin gefällt Ihnen.
3. Person	Berlin gefällt ihm. Berlin gefällt ihm. Berlin gefällt ihr.	Berlin gefällt ihnen.

Nominativ	ich	du	er	es	sie	wir	ihr	sie	Sie
Akkusativ	mich	dich	ihn	es	sie	uns	euch	sie	Sie
Dativ	....	....	ihm	ihm	ihr	....	euch	ihnen	Ihnen

C Read about personal pronouns.

- Personal pronouns in the dative follow verbs like *gefallen, helfen, gehören, danken, gehen (Wie geht es dir?)*, ...
- They replace nouns that refer to people, things or animals.

PRACTICE IT

1 Match the English and the German pronouns and translate.

Deutsch	Englisch	Meine Sprache
uns ihnen ihm ihr mir	me her him us them	....

25

2 *ihm* or *ihr*? Underline the correct form of the personal pronoun.

1 Cathy wohnt in der Schweiz. Zürich gefällt *ihm* / *ihr*.
2 Wo macht Alexandra Urlaub? – In Frankreich. *Ihm* / *Ihr* gefallen die Cafés.
3 Wo bist du? – Bei Opa. Ich helfe *ihm* / *ihr* im Garten.
4 Und das Baby? – Kein Problem. Es geht *ihm* / *ihr* gut.

3 *uns* or *euch*? Fill in the gaps.

1 Der Test ist nicht leicht. – Ja, wir haben Probleme. Aber mein Freund hilft *uns*.
2 Ihr seid neu in München, oder? Wie gefällt es _____? – Wir finden es toll.
3 Ihr habt uns sehr geholfen. Wir danken _____. – Bitte.
4 Du, Jan! Das Tablet gehört _____. Wir haben es gekauft. – Ja, ich weiß.

4 Fill in the gaps.

ihr   Ihnen   euch   ~~uns~~   mir   ihnen   ihm   dir

1 Wo wohnt ihr? – Wir wohnen in Kreuzberg. Die Cafés und die Kneipen gefallen *uns*.
2 Hallo, ihr beiden! Wie geht's _____ denn? – Uns geht's gut. Danke.
3 Du, Eliana! Ist das dein Smartphone? – Nein, das gehört _____ nicht.
4 Dein Vater hat dir Geld geschickt. – Super! Ich schreibe gleich eine SMS und danke _____.
5 Guten Tag, Herr Braun. Kann ich _____ helfen? – Ja, ich suche Frau Hansen.
6 Paul und Emma ziehen um. – Wirklich? Du, ich habe Zeit. Ich helfe _____.
7 Und wie geht's _____? – Naja, so lala.
8 Sie wohnt doch jetzt in Berlin, oder? – Ja, und es gefällt _____.

5 Mark the personal pronouns. Then fill in the gaps.

vier(dir)keinfünfmirregnenihmsingenfahrenIhnendankemirsomirklardirwasmirdirsechsmir

1 Wie geht's *dir* denn so? – Es geht _____ gut.
2 Und was macht er? Arbeitet er wieder?
   – Ja, es geht _____ schon besser.
3 Kann ich _____ helfen, Frau Müller?
   – Ja, gerne.
4 Kannst du _____ bei den Hausaufgaben
   helfen? – Aber ja!

5 Hilf _____ doch mal! – Mach ich!
6 Ich danke _____ sehr, Emma. – Gerne.
7 Das Smartphone gehört _____. – Wirklich?
   Nina hat auch so ein Smartphone!
8 Gefällt es _____ hier? – Naja, das Hotel
   gefällt _____ nicht so.

6 Where would you like to live? And your wife / husband / friend? Write three sentences.

Ich möchte in Spanien leben. Spanien gefällt mir.

_____

26 Nichts geht mehr!

Indefinitpronomen

A My weekend at the casino in Monte Carlo. Match the phrases and the photos.

facebook   Chronik   Fotos   Infos   Videos

Rien ne va plus!

Alles oder nichts! 1 ....

Nichts geht mehr! 2 ....

B Read A again and fill in the gaps.

| alles ↔ nichts | .... oder nichts! |
| etwas ↔ nichts | Noch **etwas** Kaffee oder Wasser? – Nein, danke, für mich .... |

| mehr | Möchten Sie noch **mehr** Kaffee? |

| man | Wie schreibt **man** das? | |
| | **Man** kann die Tickets auch hier kaufen. | *man + Verb in der er-Form!* |

C Read about indefinite pronouns and fill in the gaps.

- *alles* = everything. The opposite is .... = nothing.
- *etwas* = something; refers to things of undefined quantity. The opposite is also nothing.
- .... = more.
- *man* (written with one *n*!) is used when the person doesn't have to be specified.

1 *alles* ☺ or *nichts* ☹? Fill in the gaps.

1 Versteht er denn *alles* ☺? – Nein, ich glaube, er versteht .... ☹.

2 Spielst du Lotto? – Nein, da kann man doch .... ☹ gewinnen.

3 Und wie ist das Buch? – Cool! Hier steht .... ☺ über Berlin.

4 Geht das automatisch? – Ja, du musst .... ☹ machen.

26

2 Read about Emma's empty fridge. *etwas* or *nichts*? Underline the correct word.

Ich habe ein bisschen Hunger und ich möchte (1) *nichts* / <u>*etwas*</u> essen. Aber im Kühlschrank ist (2) *nichts* / *etwas*. Gestern habe ich noch (3) *nichts* / *etwas* Brot und Butter gekauft. Aber keine Wurst und auch keinen Käse, denn das ist teuer. Und in unserer Kasse ist kein Geld. Absolut (4) *nichts* / *etwas*! Und ohne Geld kann man ja (5) *nichts* / *etwas* kaufen. Ich besuche jetzt mal Tom. Vielleicht hat er (6) *nichts* / *etwas* zu essen und zu trinken.

3 More and more … Write four sentences using *mehr*.

Arbeit ~~Geld~~ Wohnungen Urlaub Zeit

Wir brauchen mehr Geld.

4 *mehr* or *nichts*? Fill in the gaps.

1 Ich habe keinen Wein *mehr*. – Kein Problem. Hier ist noch eine Flasche.
2 Gibt's noch Milch? – Nein, im Kühlschrank ist _____.
3 Noch etwas Gemüse? – Nein, danke, für mich _____.
4 Gibt es denn keinen Kaffee _____? – Doch, Kaffee gibt es noch.

5 Complete the sentences using *man*.

den Eifelturm sehen   das Brandenburger Tor sehen   ~~das Oktoberfest besuchen~~
das Schloss Belvedere besichtigen

1 In München *kann man das Oktoberfest besuchen.*
2 In Berlin _____
3 In Wien _____
4 In Paris _____

6 Fill in the gaps.

1 Hast du *alles*? – Ja.
2 Hier kaufe ich _____. – Ich auch nicht, das ist zu teuer.
3 Könnten Sie _____ langsamer sprechen? – Aber ja.
4 Der Kurs ist voll. Es gibt keine Plätze _____. – Ja, ich weiß.
5 Wie schreibt _____ das? – Ich buchstabiere: S-C-H-M-I-D-T.

7 What can you do in your home town? Write three sentences using *man*.

Man kann ins Theater gehen.

27 Die Studentin kommt aus Nigeria.

Definiter und indefiniter Artikel

DISCOVER IT

A My college. Read and match the photos and the statements.

1 _C_ A particular student at the university of Heidelberg.
2 .... One of the many students at the university of Heidelberg.
3 .... A particular library, the one at the university of Heidelberg.

A: Ich studiere in Heidelberg. Und das ist <u>die</u> Bibliothek.

B: Es gibt viele Studenten in Heidelberg. Das hier ist <u>eine</u> Studentin.

C: <u>Die</u> Studentin hier kommt aus Nigeria. Sie heißt Rose.

B Read A again and fill in the missing forms.

	Nominativ		Akkusativ	
● maskulin	der Professor	ein	d**en** Professor	ein**en**
● neutral	das Buch	ein	das Buch	ein
● feminin	.... Studentin	....	die Studentin	ein**e**
● Plural	die Studenten	---	die Studenten	---

C Read about articles and fill in the gaps.

- Articles are placed before nouns.
- The definite articles _der_, ... and .... refer to a particular thing or a person = specific.
- The indefinite article _ein-_ refers to a thing or a person among others = nonspecific.

PRACTICE IT

1 Read and decide whether the articles in italics make the nouns specific or nonspecific.

▼ Ist das _ein_ Freund?
■ Nein, das ist _ein_ Kollege.

◆ Gehst du ins Stadion?
○ Ja, _das_ Spiel fängt gleich an.

specific

nonspecific

◆ Wann kann ich _den_ Schrank abholen?
○ Morgen. Dann ist er auch fertig.

▼ Möchten Sie _einen_ Kaffee?
■ Ja, gerne.

27

2 Fill in the gaps using the definite article in the nominative.

1 _Die_ Lampe ist von Ikea. Sie kostet 19 Euro.   **2** _____ Tisch ist auch günstig. Er kostet nur 29 Euro.   **3** _____ Couch ist vom XXL-Markt. Sie kostet wenig.   **4** _____ Regal ist sehr modern. Es kostet 49 Euro.   **5** _____ Teppich ist von Oma. Er kostet nichts.

3 In a shop. Fill in the gaps using *ein-* in the accusative.

1 Guten Tag. – Guten Tag. Ich brauche _einen_ • Laptop.
2 Hallo! – Hallo! Ich hätte gerne _____ • Drucker.
3 Guten Morgen. – Guten Morgen. Könnten Sie mir _____ • Smartphone empfehlen?
4 Guten Abend. – Guten Abend. Ich möchte gerne _____ • Kamera.

4 *ein-* or *der, das, die*? Fill in the gaps.

1 Ich kaufe jede Woche _ein_ • T-Shirt. – Ich auch. Aber _das_ • T-Shirt muss billig sein.
2 Ich brauche _____ • Jacke für den Winter. _____ • Jacke muss warm sein. – Ja, und bequem.
3 Brauchst du noch _____ • Hemd? – Ja, _____ • Hemd hier finde ich cool.
4 Ich möchte gerne _____ • Mantel und _____ • Sweatshirt. – _____ • Sweatshirt in L oder XL?

5 A sales person is talking to costumers. Fill in the articles.

die – das ~~ein~~ ein der ein die ein eine

1 Das hier ist _ein_ • Laptop. Und das ist _____ • Tablet. _____ • Laptop ist wirklich sehr leicht.
2 Klar, wir haben auch _____ • USB-Sticks. _____ • USB-Sticks hier haben vier Gigabyte.
3 Das hier ist _____ • Tablet und das ist _____ • Notebook. Also, _____ • Tablet ist viel dünner.
4 Sie suchen _____ • Kamera? Nehmen Sie doch _____ • Kamera hier. Die ist günstig.

6 In a restaurant. *einen, ein, eine* or *den, das, die*? Fill in the gaps.

Emma: Ich möchte bitte (1) _einen_ Hamburger und (2) _____ Cola.
Paul: Und ich nehme (3) _____ Käsebrötchen und (4) _____ Mineralwasser.
Paul: Zahlen bitte!
Kellner: Zusammen?
Emma: Nein, ich zahle (5) _____ Hamburger und (6) _____ Cola.
Paul: Und ich (7) _____ Käsebrötchen und (8) _____ Mineralwasser.

7 What would you like to know about your neighbor? Write down five questions using *ein-*.

Hast du ein Auto? _____

_____

28 Nein, das ist auch kein Baum.

Indefiniter Artikel und Negativartikel

A *Was ist das?* Read the app and add the smileys below.

ich: Was ist das?

Laura: Das ist *ein* Bleistift. ☺

ich: Nein, das ist *kein* Bleistift. ☹

Laura: Ist das *ein* Baum? _____

ich: Nein, das ist auch *kein* Baum. _____

Laura: Ah, das ist *eine* Lampe. _____

ich: Ja, *eine* Lampe. _____

B Read A again and fill in the missing forms.

	Nominativ		Akkusativ	
● maskulin	_____ Baum	_____	ein**en** Baum	kein**en**
● neutral	ein Bett	kein	ein Bett	kein
● feminin	_____ Lampe	kein**e**	eine Lampe	kein**e**
● Plural	--- Lampen	kein**e**	--- Lampen	kein**e**

C Read and fill in the gaps.

- *kein* is placed in front of nouns and makes them negative: *kein Auto* = no car.
- The singular forms of _____ and _____ have the same endings.
- There is no plural article for *ein-*, i.e. *Haben Sie auch Lampen?*

1 Add the colors.

◉ ein   ○ ein   ○ eine   ○ kein   ◉ kein   ○ keine

2 *ein-* ☺ or *kein-* ☹? Fill in the gaps.

1 *ein* ● Bleistift ☺
2 *kein* ● Heft ☹
3 _____ ● Deutschkurs ☹
4 _____ ● Buch ☹
5 _____ ● Text ☺
6 _____ ● Tafel ☺
7 _____ ● Übungen ☹
8 _____ ● Lehrerin ☹
9 _____ ● Aufgaben ☺

28

3 Match the sentences and the photos.

Das ist ein Auto.   Das ist kein Tisch.   Das ist eine Uhr.   ~~Das ist ein Tisch.~~
Das ist kein Auto.   Das ist keine Uhr.

1 _Das ist ein Tisch._   3 _____   5 _____

2 _____   4 _____   6 _____

4 *ein-* or *kein*? Write questions and answers.

1 ● Stuhl ☺   _Ist das ein Stuhl? – Ja, das ist ein Stuhl._
2 ● Lampe ☹   _____
3 ● Schrank ☺   _____
4 ● Bett ☹   _____

5 Match the dialogues. Then fill in the gaps using the accusative.

1 Kommt sie denn heute?
2 Und wie schmeckt's?
3 Nehmen wir ein Taxi?
4 Möchtest du ein___ Bier oder ein___ Wein?
5 Ist das dein Garten?

a Also, ich mag eigentlich kein___ Fisch.
b Gerne ein___ Bier.
c Nein, ich habe kein___ Garten.
d Ja, es kommen heute kein___ Busse mehr.
e Nein, sie hat kein_e_ Zeit.

6 Fill in *ein-* or *kein-*.

1 Das ist doch _kein_ Hund, oder? – Nein, das ist _eine_ Katze.
2 Was ist das denn? _____ Uhr? – Nein, das ist _____ Uhr. Das ist _____ Fitness-Tracker.
3 Warum kommst du nicht? – Ich habe _____ Zeit.
4 Möchtest du _____ Vorspeise? – Nein, danke. Ich habe _____ Hunger.
5 Ist heute denn Deutschkurs? – Nein, heute ist _____ Deutschkurs.

7 Think of funny things and funny people and write three sentences.

Das ist doch kein Schlafzimmer, das ist eine Garage.

_____

_____

29 Ich habe immer Orangensaft im Kühlschrank.

Nullartikel

A Read the blog and underline the ingredients you need to make the smoothie.

Mein Detox-Programm

Das ist mein super Detox-Smoothie. Er ist gesund und lecker!
Ich habe natürlich immer Orangensaft und Eis im Kühlschrank. Dann brauche ich noch Obst für meinen Lieblings-Smoothie: Bananen, Äpfel und Zitronen ...

B Read A again and fill in the gaps.

| Ich habe immer | den .... |
| Ich habe auch immer | ~~das~~ Eis. |

| Dann brauche ich noch | ~~das~~ .... |
| Hast du | ~~die~~ Äpfel? |

C Read and tick what is right.

○ There is always an article before nouns.
○ Articles are used when the quantity is specified or when we point to certain things. When talking about nonspecific quantities we don't use an article.

1 Are the underlined nouns specific or nonspecific? Read and match.

▼ Hast du Geld?
■ Nein, aber ich nehme die Kreditkarte mit.

◆ Kannst du mir bitte das Salz geben?
◉ Ja, hier bitte.

specific

nonspecific

◆ Brauchen wir Salz?
◉ Nein, Salz haben wir.

▼ Was? Achttausend Euro!
■ Ja, ich brauche das Geld für das neue Auto.

2 Add the article where necessary.

Specific	Nonspecific
1 Wir brauchen *das* Geld.	3 Hast du .... Geld?
2 Was kostet .... Obst?	4 Ich habe .... Obst für den Nachtisch.

3 Mark the plurals.

(BANANEN)TOMATENEIERORANGENMÖHRENKARTOFFELN

29

4 All about food. Fill in the gaps.

1 Was brauchst du für den Salat? (Tomate / Öl) – Ich brauche *Tomaten und Öl.*
2 Was kommt in den Smoothie? (Banane / Milch) – Ich nehme ....
3 Was hat er denn gekauft? (Ei / Schinken) – Ich glaube, ...
4 Gibt's auch Gemüse zum Fleisch? (Möhre / Kartoffel) – Ja, wir haben noch ....
   ....
5 Was nimmst du für den Obstsalat? (Banane / Orange) – Ich nehme ....
6 Was brauchen wir noch? (Salat / Ei) – Wir brauchen nur .... sind im Kühlschrank.

5 Article or not? Fill in the gaps.

1 Haben wir noch *---* ● Öl? – Nein, leider nicht.
2 *Das* ● Öl von Marco kostet nur 6,99 Euro pro Liter. – Oh, das ist aber billig.
3 Ich kaufe noch .... ● Bananen und .... ● Salat. – Okay.
4 Bitte kauf aber .... ● Salat beim Griechen! Der ist da besser. – Ja, klar.
5 Hast du noch .... ● Geld? – Nein.
6 .... ● Geld für das Brot liegt auf dem Tisch. – Danke.
7 Ich mag kein Bier, ich trinke lieber .... ● Wein. – Ich auch.
8 .... ● Wein ist von Giovanni. – Ja, der ist super!

6 Find the mistakes.

1 Hast du noch ~~das~~ Geld? – Nein, ich muss zur Bank.
2 Brauchen wir auch die Milch? – Ja, bitte kauf zwei Liter.
3 Und was frühstückt ihr gerne? – Die Brötchen mit Marmelade.

7 Match the sentences and compare. Then translate.

| Möchtest du Ketchup? | Ich brauche Geld. | Wir essen Toast zum Frühstück. |

Deutsch	Englisch	Meine Sprache
.... *Möchtest du Ketchup?*	I need money. Would you like ketchup? We have toast for breakfast.	....

8 Always, sometimes or never? Make a list of what's in your fridge.

Ich habe immer *Milch* .... im Kühlschrank.
Ich habe manchmal .... im Kühlschrank.
Ich habe nie .... im Kühlschrank.

30 Meine Familie, deine Familie

Possessivartikel 1

A Read and underline *mein-*.

> Das ist Thomas. Er ist mein Vater.
> Und das ist Michaela. Sie ist meine Mutter.

B Read A again and fill in the gaps.

	Nominativ		Akkusativ	
● maskulin	.... Vater	dein Vater	mein**en** Vater	dein**en** Vater
● neutral	mein Kind	dein Kind	mein Kind	dein Kind
● feminin	.... Mutter	dein**e** Mutter	mein**e** Mutter	dein**e** Mutter
● Plural	mein**e** Eltern	dein**e** Eltern	mein**e** Eltern	dein**e** Eltern

ich	mein	-	Vater
	mein	e	Mutter

du	dein	-	Vater
	dein	e	Mutter

C Read about the possessive article.

- *mein-* and *dein-* show belonging or possession: *mein* = my, *dein* = your.
- The singular forms of *mein-*, *dein-* take exactly the same endings as *ein-*.

1 Compare to English and tick what you think is correct.

der Vater the father	ein Vater a father	mein Vater my father	→ ●
das Baby the baby	ein Baby a baby	mein Baby my baby	→ ●
die Tochter the daughter	ein**e** Tochter a daughter	mein**e** Tochter my daughter	→ ●

○ Possessive articles are positioned after the noun.

○ The possessive article takes an *e* at the end when it refers to a feminine noun.

2 Read and underline *mein-* and *dein-*.

1 Wer ist denn das? – Das ist <u>meine</u> Frau.

2 Mae, was sind deine Hobbys? – Surfen und Musik.

3 Und deine Lieblingsfarbe ist …? – Blau.

4 Kommst du? – Ja, Moment. Ich nehme meinen Hund mit.

30

3 Fill in the table.

● ~~Haus~~   ● Mantel   ● Freundin   ● Auto

mein-	dein-	ein-	kein-
mein Haus	*dein Haus*	*ein Haus*	*kein Haus*

4 Fill in *mein-* 🖘 or *dein-* 🖘.

mein 🖘 Auto   _____ 🖙 Haus   _____ 🖘 Mantel
_____ 🖙 Freundin   _____ 🖘 Katze

5 *mein-* or *dein-*? Fill in the gaps.

1 Das hier bin ich, und das ist *mein* Vater.
2 Und das bist du, und das ist _____ Kind.

3 Das bist auch du und _____ Mutter.
4 Und das bin wieder ich und das sind
_____ Eltern.

6 *mein-* or *dein-*? Read and fill in the gaps.

Hallo, ich heiße Mae. Ich komme aus Kanada.
Und das ist (1) *meine* Familie. (2) _____ Vater heißt Christian und (3) _____ Mutter heißt
Noemi. (4) _____ Oma heißt Hilda und (5) _____ Opa heißt Carl. Und das ist (6) _____ Bruder,
Julian. Er wohnt in Schweden. Und (7) _____ Familie? Erzähl doch mal! Wie heißt (8) _____
Vater? Und wie heißt (9) _____ Mutter? Und wo wohnen (10) _____ Großeltern?

7 Match the dialogues and fill in the endings using the accusative.

1 Liebst du dein**e** Frau?
2 Komm, wir nehmen mein_____ Auto!
3 Ich habe dein_____ Vater gesehen.
4 Kennst du mein_____ Freund?
5 Ich suche mein_____ Chef.

a Ach ja! Und wo?
b Ja, sicher. Ich liebe sie sehr.
c Nein, wie heißt er denn?
d Dein Chef ist da hinten.
e Ja, gerne.

8 Write sentences about your family.

Vater   *Mein Vater heißt Franz.*
_____

Mutter   _____
_____

D

31 Sein Haus, ihr Haus

Possessivartikel 2

A Read Vanilla's and Tim's diaries. Underline *ihr-* and *sein-*.

www.meinkleinestagebuch.com

Tim, Samstag, 23. August

Das ist Vanilla. Sie ist sehr nett. Und das ist ihre Wohnung. Ihr Zimmer ist klein, aber sehr schön. Ihre Freunde heißen Carla und Ali. Sie wohnen auch da.

www.meinkleinestagebuch.com

Vanilla, Samstag, 23. August

Das ist Tim. Er ist wirklich cool. Und das ist sein Haus. Wow, sein Garten ist super. So viele Blumen! Und sein Hund heißt Fluffy. Ist der nicht süß!?

B Read A again and fill in the gaps.

	Nominativ		Akkusativ	
● maskulin	.... Garten	ihr	sein**en** Garten	ihr**en**
● neutral	sein Zimmer	....	sein Zimmer	ihr
● feminin	sein**e** Wohnung	ihr**e**	sein**e** Wohnung	ihr**e**
● Plural	sein**e** Freunde	....	sein**e** Freunde	ihr**e**

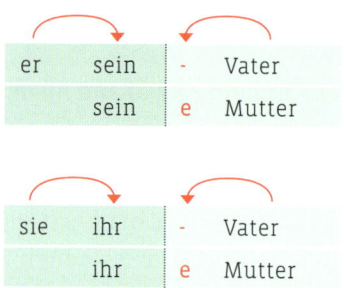

er	sein	-	Vater
	sein	e	Mutter

sie	ihr	-	Vater
	ihr	e	Mutter

C Read about the possessive article and tick what you think is correct.

- *sein-* and *ihr-* show ○ love / ○ possession: *sein* = his, *ihr* = her.
- The singular forms of *sein-* and *ihr-* take exactly the same endings as *ein-*.

1 Are we talking about a man ♂ or a woman ♀? Read and make a decision.

1 Wem gehört der Mercedes? – Das ist ihr Auto. ♀
2 Können Sie mir seine Adresse sagen? – Ja, klar. ....
3 Kommt er heute? – Nein, seine Mutter ist krank. ....
4 Sein Bruder arbeitet auch hier. – Ja, ich weiß. ....
5 Sie braucht das Geld aber! – Ja, sie bekommt ihr Geld auch am Ende des Monats. ....

66

31

2 Match and compare. Then translate.

Deutsch	Englisch	Meine Sprache
Das ist sein Garten.	This is her friend.	....
ihr Auto.	her car.	....
ihre Freundin.	his garden.	....

3 Fill in the table.

sein Garten   ~~ihr Auto~~   sein Hund   ihr Bruder   ihre Freunde   sein Haus   ~~seine Adresse~~
seine Blumen   seine Eltern   ihr Haus   ihr Freund   ihre Katze

	●	●	●	●
♂			*seine Adresse*	
♀	*ihr Auto*			

4 Fill in *sein-* or *ihr-*.

Ich kenne …

1 Ben und _seinen_ Hund Karl.
2 Tom und .... Vater.
3 Emilia und .... Vater Dave.
4 Lena und .... Freunde.
5 Max und .... Mutter.
6 Tim und .... Brüder.
7 Eva und .... Freundin.
8 Emilia und .... Freund.

5 Read about Carla and underline the correct form of *ihr-*.

Das ist Carla. Sie ist 38 Jahre alt und verheiratet. (1) *Ihr / Ihre* Mann heißt Tom. (2) *Ihr / Ihre* Schwester lebt und arbeitet in Australien. (3) *Ihr / Ihre* Bruder wohnt in Berlin. (4) *Ihr / Ihre* Haus ist wunderschön. Es ist groß und alt. Und auch (5) *ihr / ihre* Garten ist super. (6) *Ihr / Ihre* Katze heißt Charlie. Sie ist ganz klein und süß.

6 Write about Marco and use the correct form of *sein-*.

Sein Name ist Marco. Er kommt aus Italien.

....

....

....

Name: Marco, aus Italien
wohnt in Köln, Eltern in Neapel
aber Schwester auch in Köln
Frau: Eva, aus Köln
Kinder: Fabiana und Vittoria

7 Describe one of your friends. Write down three sentences.

Ihre/Seine Kleidung ist cool.

32 Unser Pool, euer Apartment

Possessivartikel 3

A On holiday. Read and sort the following sentences.

Super! Nur unser Pool ist so klein.

① Hi! Seid ihr schon in Palma? ✓✓

Und wie ist euer Apartment? ✓✓

Ja, wir sind schon da.

B Read A again and fill in the missing forms.

	Nominativ		Akkusativ	
● maskulin	.... Pool	euer	unser**en** Pool	eur**en**
● neutral	unser Apartment	....	unser Apartment	euer
● feminin	unser**e** Küche	eur**e**	unser**e** Küche	eur**e**
● Plural	unser**e** Fahrräder	eur**e**	unser**e** Fahrräder	eur**e**

wir	unser	-	Vater
	unser	e	Mutter

ihr	euer	-	Vater
	eur	e	Mutter

C Read about the possessive articles.

- *unser-* and *euer-* show possession: *unser* = our, *euer* = your (Plural).
- Also note: *euer* for masculine and neuter, but *eu~~e~~re* for feminine and plural!
- The singular forms of *unser-*, *euer-* take exactly the same endings as *ein-*.

1 Match and compare. Then translate.

Deutsch	Englisch	Meine Sprache
Das ist unser Pool.	This is your apartment.	....
unsere Terrasse.	our swimming pool.	....
euer Apartment.	our terrace.	....

32

2 Fill in the table.

~~unser Haus~~ ~~eure Terrasse~~ euer Apartment euer Pool unsere Fahrräder
eure Freunde unser Garten unsere Familie

	●	●	●	●
wir	....	unser Haus	....	....
ihr	....	....	eure Terrasse	....

3 Cross out the *e* where necessary.

1 eue̶re Terrasse   3 unsere Garage   5 euer Auto
2 euere Autos   4 euere Küche

4 On holiday. Write sentences using *unser-*.

● Garten   ● Haus   ● Terrasse

Das ist unser Garten .   ...

5 Questions. Fill in *unser-* and *eu(e)r-*.

1 Sind das _unsere_ *(wir)* Gläser?   5 Ist das .... *(wir)* Geld?
2 Ist das _euer_ *(ihr)* Taxi?   6 Sind das denn .... *(wir)* Fahrräder?
3 Was kostet .... *(ihr)* Wohnung?   7 Wie heißt denn .... *(ihr)* Lehrer?
4 Wo ist .... *(ihr)* Garten?   8 Kommt da .... *(ihr)* Bus?

6 *unser / unsere* or *euer / eure*? Fill in the gaps.

1 Wie viele Schüler sind in den Kursen hier? – Also, _unser_ Kurs hat zwölf Schüler.
2 Wie alt sind eure Kinder? – .... Kinder sind neun und sieben.
3 Wie war .... Flug? – Unser Flug war okay.
4 Und wie ist .... Terrasse? – Unsere Terrasse ist viel zu klein.

7 Write down three sentences each about things that belong to you and your family.

Garten   *Unser Garten ist groß.* ....

....

Freunde   ....

....

33 Dein Team, Ihr Team

Possessivartikel 4

A Read the text messages and underline *dein-* and *Ihr-*.

> Hallo Sarah,
> du hast reserviert. Vielen Dank.
> <u>Dein</u> Mini steht in der Friedrichstraße 12.
>
> Dein AutoDirekt-Team

> Sehr geehrter Herr Frank,
> vielen Dank für Ihre Reservierung.
> Ihr Zimmer ist fertig.
>
> Ihr Team im Hotel Berlin

B Read A again and fill in the missing forms.

	Nominativ		Akkusativ	
● maskulin	.... Mini	Ihr	dein**en** Mini	Ihr**en**
● neutral	.... Team	....	dein Team	Ihr
● feminin	dein**e** Reservierung	Ihr**e**	dein**e** Reservierung	Ihr**e**
● Plural	dein**e** Schlüssel	Ihr**e**	dein**e** Schlüssel	Ihr**e**

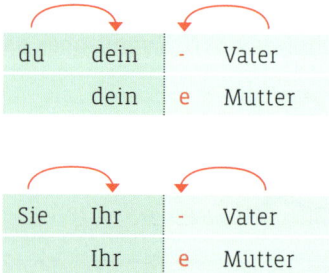

du	dein	-	Vater
	dein	e	Mutter

Sie	Ihr	-	Vater
	Ihr	e	Mutter

C Read about the possessive article and tick what is correct.

- *dein-* and *Ihr-* show possession: *dein* = your (informal), *Ihr* = your (formal).
- The singular forms of *dein- / Ihr-* take exactly the same endings as *ein-*.
- *Ihr-* is written with a ○ small / ○ capital letter when used for addressing somebody formally.

1 Formal 🕴 or informal 🕴? Fill in the table.

~~Ihr Team~~   dein Auto   Ihr Mini   ~~deine Reservierung~~   Ihre Schlüssel   deine Freunde   dein Ausweis
Ihre Adresse   dein Name   dein Garten   Ihr Lieblingsfilm   Ihre Frau   Ihre Söhne   Ihr Geld
deine Familie   dein Fahrrad   Ihr Ticket   Ihr Beruf

	●	●	●	●
Sie 🕴		*Ihr Team*		
du 🕴			*deine Reservierung*	

33

2 Read and add *f* for formal or *i* for informal.

1 Hier ist Ihr Ausweis. – Danke.   *f*
2 Bitte buchstabieren Sie Ihren Namen. – A-B-E-L, Abel.   ....
3 Wo wohnen denn deine Eltern? – In Berlin.   ....
4 Ist das dein Sohn? – Ja, klar.   ....
5 Was ist dein Lieblingsfilm? – Titanic.   ....
6 Was ist Ihr Beruf? – Ich bin IT-Ingenieur.   ....

3 Underline the possessive articles and match the pictures.

1 *B* Ist das Ihr Auto?
2 ...... Ist das dein Freund?
3 ...... Bitte öffnen Sie Ihren Mund!
4 ...... Deine Schuhe sind cool!

4 Lots of questions. Fill in *Ihr-* or *dein-*.

1 Sie → Ist das *Ihr* Buch?
2 du → Ist das .... Brille?
3 du → Sind das .... Kinder?
4 Sie → Ist das ...... Laptop?

5 Sie → Wie ist ...... Name?
6 du → Was ist ...... Beruf?
7 Sie → Wie heißt ...... Katze?
8 du → Sind das .... Lieblingsfarben?

5 Fill in *dein-* using the accusative.

1 ● Auto   Ich finde *dein* Auto super!
2 ● Schlüssel   Sie hat .... Schlüssel.
3 ● Augen   Ich liebe .... Augen.

4 ● Wohnung   Er findet .... Wohnung toll.
5 ● Hund   Ich mag .... Hund!
6 ● Handy   Wir haben .... Handy.

6 *Ihr-* or *dein-*? Fill in the correct forms.

1 *Auf dem Flughafen:* Bitte schön. Und hier ist *Ihr* Ticket. – Vielen Dank.
2 *Zwei Freundinnen:* Und wie heißt .... Katze? – Lucy.
3 *Zwei Freunde:* Wo wohnen denn .... Eltern? – In Berlin.
4 *Beim Arzt:* .... Frau war heute auch hier. – Ja, ich weiß.
5 *Auf dem Arbeitsamt:* Was ist ...... Beruf? – Ich bin Programmierer.

7 Be formal and write down three personal questions using *Ihr-*.

Name   *Wie ist Ihr Name?* ....
Beruf   ....
Lieblingsfilm   ....

34 Ich komme aus Berlin.

Lokale Präpositionen: *in, aus, nach*

A Write down the sentences under the correct photo.

Ich fahre nach Berlin.   Wir wohnen in Berlin.   ~~Er kommt aus Berlin.~~

Er kommt aus Berlin.

B Read the tables.

Woher?	aus	Brasilien Berlin der Schweiz den Niederlanden

Wo?	in	Berlin Deutschland den USA

Wohin?	nach	Paris Italien rechts Hause

C Read about prepositions and fill in the gaps.

- *aus* is used when talking about the origin of something or somebody. The question involved is .... (= *where from?*).
- *in* is used when talking about a place and when answering the question .... (= *where?*).
- *nach* indicates direction when answering the question .... (*where to?*). It is used after verbs like *fahren, gehen, fliegen*, etc.

1 Read and underline the prepositions *in, aus* and *nach*.

1 Gibt es denn auch Kinos <u>in</u> Heidelberg? – Ja, sicher.
2 Und du, Juan? Woher kommst du? Und wo wohnst du? – Ich komme aus Kuba und wohne jetzt in München.
3 Wohin fahren Sie morgen? – Morgen fahre ich nach Berlin.
4 Wo ist denn Peter? – Er besucht seine Verwandten in Polen.
5 Und wohin muss ich jetzt fahren? – Fahr nach rechts, geradeaus und dann nach links.

34

2 Match the question words and the phrases.

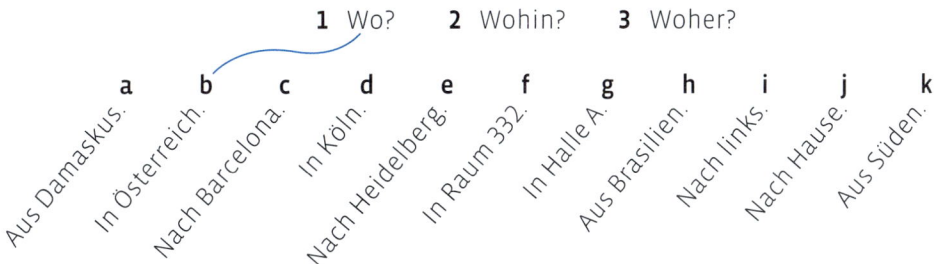

1 Wo?   **2** Wohin?   **3** Woher?

a   b   c   d   e   f   g   h   i   j   k

Aus Damaskus.   In Österreich.   Nach Barcelona.   In Köln.   Nach Heidelberg.   In Raum 332.   In Halle A.   Aus Brasilien.   Nach links.   Nach Hause.   Aus Süden.

3 Underline and compare the prepositions. Then translate.

Deutsch	Englisch	Meine Sprache
Ich wohne in Frankfurt.	I live in Frankfurt.	....
Ich komme aus Wien.	I am from Vienna.	....
Ich fliege nach Madrid.	I'm flying to Madrid.	....

4 Amira at the airport. Fill in the prepositions.

nach   aus   aus   ~~in~~   aus   in

Amira ist seit drei Monaten (1) *in* Berlin. Sie kommt (2) .... Syrien, (3) .... Damaskus. Jetzt ist sie am Flughafen und wartet. Ihre Freundin Anna kommt. Aber das Flugzeug (4) .... München kommt heute später an. Das ist kein Problem. Amira hat Zeit und das Wochenende ist lang. Morgen machen sie einen Ausflug (5) .... Potsdam. (6) ...... Potsdam ist das Schloss Sanssouci. Das Schloss und der Park sind wunderschön!

5 Underline the correct preposition.

1 Wo wohnst du? – *In* / *Aus* Köln.
2 Wohin gehen Sie? – Ich gehe jetzt *in* / *nach* Hause.
3 Wo studiert denn Emma? – *In* / *Aus* Wien.
4 Woher kommt Pamela? – Sie kommt *in* / *aus* Argentinien.
5 Wohin fliegen Sie? – *In* / *Nach* München.
6 Wo bist du geboren? – *In* / *Aus* Italien.
7 Woher kommt der Wind? – *In* / *Aus* Osten.
8 Wo ist der Deutschkurs? – *In* / *Aus* Raum 118.

6 Where does your best friend come from? And where does she / he live? Write two sentences.

Meine beste Freundin kommt aus Saigon in Vietnam.

....

35 Ich wohne auf dem Land.

Lokale Präpositionen: *auf, in* + Dativ

A Match the speech bubbles and the photos.

1 .... Ich wohne in der Stadt.

2 .... Ich wohne auf dem Land.

B Read A again and fill in the gaps.

Wo?		• maskulin	auf dem	Tisch
		• neutral	....	Land
auf + Dativ		• feminin	auf der	Straße
		• Plural	auf den	Straßen

Wo?		• maskulin	im	Schrank
		• neutral	im	Zentrum
in + Dativ		• feminin	....	Stadt
		• Plural	in den	Städten

C Read about the prepositions *auf* and *in* and fill in the gap.

- *auf* and *in* are prepositions of place used to show where something or somebody is: *auf dem Tisch* (= on the table), *im Haus* (= in the house).
- When answering questions introduced with .... *in* and *auf* may be followed by nouns in the dative, see 21.
- The short version of *in dem* is *im* (*im Schrank*).

1 Fill in the gaps using the preposition *auf*.

1 Ist der Brief für mich? – Ja, *auf dem Brief* (• Brief) steht dein Name.
2 Wo liegen denn die Schlüssel? – Da hinten, ... (• Tisch).
3 Was muss ich tun? – .... (• Formular) finden Sie alles.
4 Wo seid ihr? – Wir sind jetzt .... (• Marktplatz).
5 Sind die Kinder im Haus? – Nein, sie spielen .... (• Straße).
6 Wo ist Ben? – Er sitzt im Park .... (• Bank) und liest.

35

2 Match the dialogues and underline phrases with the preposition *in*.

1 Wo sind Sie?
2 Wo ist er?
3 Sollen wir uns treffen?
4 Wo haben Sie das gelesen?

a Ja, gerne. Und wo? Im Parkcafé?
b Er sitzt im Park und liest.
c In der Zeitung.
d Im Büro.

3 Find and mark sixteen words.

(tasche)kinoschuleinternetzugsupermarkthotelapothekestadtstraßehausgartenbettküche
kühlschrankschrank

4 Sort the words in 3 according to their gender and write them down using the preposition *in* and the dative. Look up the articles in your dictionary.

Wo?
● _____
● _____
● *in der Tasche* _____

5 Fill in the gaps using *in* or *auf* and the dative.

Ich lebe (1) *in der* Stadt, in München. Ich wohne (2) _____ Schmellerstraße 23, ganz oben
(3) _____ Haus. Manchmal grillen wir (4) _____ Balkon. Heute ist Sonntag und mein Freund Tom
ist hier. Er kommt aus Berlin. Am Sonntag frühstücke ich gerne (5) _____ Bett. Und Tom ist
(6) _____ Küche und macht das Frühstück. Aber er findet nichts und fragt und fragt und
fragt: Du, Nina! Hast du noch Milch? – Ja, sie steht (7) _____ Kühlschrank.
Und die Gläser? Wo stehen die Gläser? – Die Gläser stehen doch (8) _____ Tisch.

6 *Wo?* Fill in the gaps using *in* and the dative case.

1 Gestern waren wir *im Kino* (Kino).
2 Das findest du _____ (Internet).
3 Lebensmittel bekommen Sie _____ (Supermarkt).
4 _____ brauchst du deinen Pass (Hotel).
5 Heute früh war er noch _____ (Schule).
6 Dieses Medikament bekommen Sie _____ (Apotheke).

7 Are you a country or a city person? And your friends? Write three sentences.

Ich wohne in der Stadt. _____

_____

36 Wir gehen ins Kino.

Lokale Präposition: *in* + Akkusativ

A My weekend. Match the sentences and the photos.

1 _C_ Wir fahren in die Stadt.
2 _____ Wir gehen in den Club und feiern.
3 _____ Wir gehen ins Kino.
4 _____ Wir gehen ins Fitness-Studio.

B Read A again and fill in the gaps.

Wohin? *in* + Akkusativ		● maskulin	in den	_____
		● neutral	ins	_____
		● feminin	in die	Stadt
		● Plural	in die	Berge

C Read about the preposition *in* and fill in the gap.

- *in* is a preposition of place. It follows verbs like *fahren*, *gehen*, etc. and is used when answering questions with _____ (= *where to?*).
- *in* signals movement and is followed by nouns in the accusative, see 19. It can be compared to the English preposition *to*.
- The short version of *in das* is *ins* (*ins Kino*).

1 Where are these people planning to go to? Underline the places and write them down.

1 Was machen wir? – Wir gehen <u>in den Club</u> und feiern.   → *in den Club*
2 Geht ihr heute in die Stadt? – Ja, kommst du mit?   → _____
3 Komm, wir gehen ins Restaurant! – Ja, super!   → _____
4 Und was machst du heute noch? – Ich gehe in den Park und jogge.   → _____

2 Write down the equivalent in German and compare. Then translate.

Deutsch	Englisch	Meine Sprache
in den Club _____	to the club to the cinema to town	_____ _____ _____

36

3 Where do we go to? Sort the nouns and write them down using the article *in*.

● ~~Kino~~ ● ~~Kindergarten~~ ● Bett ● Museum ● ~~Schule~~ ● Garten ● Büro ● Universität
● Schwimmbad ● Restaurant ● Pizzeria ● Disco ● Park ● Dorf ● Bad ● Café ● Kirche
● Hotel ● Supermarkt

Wir gehen ...

● *in den Kindergarten*

● *ins Kino*

● *in die Schule*

4 My day. Read the text and underline the correct forms.

Morgens stehe ich um sieben auf. Ich gehe immer (1) *in den* / *ins* / *in die* Stadtpark und jogge.
So bleibe ich fit. Dann gehe ich (2) *in den* / *ins* / *in die* Bad und dusche. Ich frühstücke, höre
Musik und lese Zeitung. Um neun bringe ich die Kinder (3) *in den* / *ins* / *in die* Kindergarten.
Dann fahre ich (4) *in den* / *ins* / *in die* Büro. In der Mittagspause gehe ich oft (5) *in den* / *ins* / *in
die* Supermarkt und kaufe ein. Am Nachmittag gehe ich mit den Kindern (6) *in den* / *ins* / *in das*
Park. Am Abend kochen wir, mein Mann und ich. Manchmal gehen wir auch (7) *in den* / *ins* / *in
die* Pizzeria hier in der Amalienstraße. Die ist wirklich gut. Um acht bringen wir die Kinder
(8) *in den* / *ins* / *in die* Bett. Dann sehen wir fern und lesen.

5 Read the dialogues and fill in the gaps.

1 Kommst du mit *ins* Schwimmbad?
– Ja, gerne.
2 Ich gehe oft _____ Museum. – Ich auch.
3 Wohin fährt er denn? – _____ Schule.
4 Fahren wir _____ Stadt? – Ja, später.
5 Carla geht schon _____ Kindergarten.
– Wirklich!

6 So, du gehst jetzt _____ Bett! – Nein, ich
möchte noch fernsehen.
7 Ich gehe jetzt _____ Supermarkt.
Brauchst du noch was? – Ja, kauf bitte
Butter und Milch!
8 Geht Ben schon _____ Schule? – Ja, er ist
doch schon sieben.

6 Where do you usually go to at the weekend? Write three sentences using *in*.

Ich gehe ins Schwimmbad.

37 Sie ist beim Training.

Lokale Präpositionen: *bei, zu* + Dativ

DISCOVER IT

A Read the messages and underline the prepositions *bei, beim* and *zum*.

> Wo bist du? 16:30

> Ich bin <u>beim</u> Training. 16:31 ✓✓

> Wollen wir einen Kaffee bei Fillipo trinken? 16:33

> Ja, gerne! Ich muss aber noch zum Friseur. 16:34 ✓✓

> Gut. Also um sechs bei Fillipo! 16:36

> OK. 16:37 ✓✓

B Read A again and fill in the gaps.

Wo?	bei ● 🧍 + Dativ	● maskulin	beim	Arzt
		● neutral	....	Training
		● feminin	bei der	Polizei
		● Plural	bei den	Nachbarn

But no article before names!

Ich arbeite bei Siemens.
Wir sind bei Fillipo.

Wohin?	zu → 🧍 + Dativ	● maskulin	....	Friseur
		● neutral	zum	Training
		● feminin	zur	Schule
		● Plural	zu den	Freunden

C Read about the prepositions *bei* and *zu*.

- *bei* is a preposition of place and can be compared to English *at*: at the doctor's = *beim Arzt*.
- *bei* is used when answering questions with *Wo?* (= *where?*).
- The short version of *bei dem* is *beim (beim Training)*.
- *zu* is a preposition of place and can be compared to English *to*: to the doctor's = *zum Arzt*.
- *zu* is used when answering questions with *Wohin?* (= *where to?*).
- The short version of *zu dem* is *zum (zum Arzt)*. The short version of *zu der* is *zur (zur Schule)*.
- Both, *bei* and *zu*, are followed by nouns in the dative, see 21.

PRACTICE IT

1 Match the dialogues. Underline the prepositions *bei* and *zu*.

1 Ist er <u>beim</u> Training?
2 Wohin gehst du?
3 Wo arbeitet sie?

a Ich muss noch zum Arzt.
b Ja, er ist im Studio.
c Bei der Polizei.

37

2 Underline and compare the prepositions. Then translate.

Deutsch	Ich gehe <u>zum</u> Arzt.	Er ist beim Arzt.
Englisch	I go <u>to</u> the doctor's.	He's at the doctor's.
Meine Sprache		

3 Match the prepositions and the nouns.

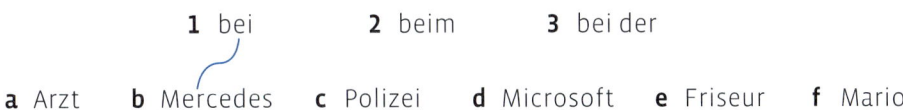

1 bei   **2** beim   **3** bei der

a Arzt   **b** Mercedes   **c** Polizei   **d** Microsoft   **e** Friseur   **f** Mario

4 Fill in the gaps.

~~bei Tina~~   bei der Post   beim Arzt   bei Familie Müller

1 Wo wohnst du denn jetzt? – Ich wohne jetzt _bei Tina_.

2 Kaufst du bitte Briefmarken _____? – Ja, gerne.

3 Hat sie eine Wohnung? – Nein, sie hat ein Zimmer _____.

4 Geht's dir nicht gut? – Nein, ich bin _____.

5 *Wohin?* Match the prepositions and the nouns and write down phrases.

zum
- ~~Arzt~~
- Bahnhof
- Bäckerei
- Doktor
- Post
- Schule
- ~~Arbeit~~
- Flughafen
- Geschäft

zur

zum Arzt, zur Arbeit, _____

6 *zum* or *zur*. Underline the correct form.

1 Ist das weit? – Nein, *zum* / *zur* Bahnhof ist es nicht weit.

2 Haben Sie Zeit? – Nein, ich muss jetzt *zum* / *zur* Arbeit.

3 Ist deine Tochter krank? – Ja, wir müssen sie *zum* / *zur* Arzt bringen.

4 Kannst du mich *zum* / *zur* Flughafen bringen? – Ja, klar.

5 Wir brauchen Brot. – Ja, ich gehe schnell *zum* / *zur* Bäckerei.

6 Kommst du? – Ja, ich muss noch schnell *zum* / *zur* Post, dann komme ich.

7 Where do you have to go today? Think of one more place and write it down.

- Supermarkt / ● Post   _Ich muss noch zum Supermarkt. Dann muss ich_ _____

38 Ich komme um 20 Uhr.

Temporale Präpositionen: *um, an, in* + Dativ

A Read the event schedule and underline the prepositions.

Events im Juli

@ P1 – Feiern, Tanzen
Am Freitag um 20 Uhr

**Charles Hotel –
Jazz im Sommer**

Am Samstag um 10 Uhr

B Read A again and fill in the gaps with the dates written above.

Wann?	um	sieben Uhr 15.30 Uhr
	an am	Feiertagen ersten Januar .... Samstag Wochenende Morgen
	in im	den Ferien .... März, Juli

C Read about the prepositions and fill in the gap.

- *um* is used when giving the exact time, English *at*.
- *am* (= *an* + *dem*) is used when referring to a date, a day, a weekend, etc.
- *im* (= *in* + *dem*) is used before months, seasons.
- *um, am, im* are used when answering the question .... (= *when?*).

1 Read and underline the prepositions.

1 Wann hast du Geburtstag? – Im Mai.

2 Wann fährt er denn nach Hause? – Am Wochenende.

3 Wann kommt sie? – Um sieben Uhr.

38

2 Match the phrases and compare. Then translate.

um zehn Uhr   am Montag   ~~im Winter~~

Deutsch	Englisch	Meine Sprache
im Winter	in winter	
	at ten o'clock	
	on Monday	

3 When is the concert? Fill in the table.

~~Wochenende~~   zweiten September   Mai   22 Uhr   Winter   halb drei   Abend   Oktober   Morgen   Viertel vor eins   Nachmittag

am	*Wochenende*
um	
im	

4 Fill in the prepositions.

um   ~~am~~   am   um   am   um   am

◆ Was meinst du? Gehen wir (1) *am* Samstag ins Fitness-Studio?
○ Klar! Wann ist das Studio denn geöffnet?
◆ (2) _____ Vormittag. Wir können so (3) _____ zehn Uhr frühstücken und dann trainieren.
○ Okay. Super! Und wann ist das Konzert?
◆ (4) _____ Nachmittag. (5) _____ fünfzehn Uhr. Ich freue mich schon.
○ Ich auch. Und (6) _____ Abend treffen wir dann Emilie und Sophie im Bella Italia. Ja?
◆ Gute Idee. So (7) _____ acht?
○ Ja, ich reserviere einen Tisch.

5 Fill in the gaps.

1 Wann hast du Geburtstag?
 – *Am* zweiten Januar.
2 Wann fährst du wieder nach Berlin?
 – _____ Sommer.
3 Wann kommt denn dein Vater? – _____ Freitag.

4 Wann ist die Praxis geöffnet?
 – Nur _____ Vormittag.
5 Wann kommt der Zug in Berlin an?
 – _____ 19.30 Uhr.

6 Write three sentences about your time schedule this week.

Am Montag um 18 Uhr _____

39 Vor dem Spiel.

Temporale Präpositionen: *vor, nach* + Dativ

A Match the photos and the sentences and underline the prepositions *vor* und *nach*.

Das ist unser Team ...
vor dem Spiel! ....
nach dem Spiel! ....

B Read A again and fill in the gaps.

Wann? vor + Dativ	⊢──×──┤	● maskulin	vor dem	Kurs
		● neutral	....	Spiel
		● feminin	vor der	Party
		● Plural	vor den	Konzerten

Wann? nach + Dativ	⊢────×─┤	● maskulin	nach dem	Kurs
		● neutral	....	Spiel
		● feminin	nach der	Party
		● Plural	nach den	Konzerten

But no article when giving the time:

Wann? – Um Viertel **vor** sieben.
Wie spät ist es? – Es ist Viertel **nach** sieben.

C Read about the prepositions *vor* and *nach*.

- *vor* and *nach* are prepositions of time. They are used to answer questions with *Wann?* (when?).
- *vor* – English *before* – refers to a point before an event.
- *nach* – English *after* – refers to a point after an event.
- *vor* and *nach* are followed by the dative, see 21.

1 Read and underline the prepositions *vor* and *nach*.

1 Wann kommt sie? – <u>Nach</u> dem Essen.
2 Wann soll ich kommen? – Komm bitte vor zehn Uhr!
3 Gehen wir auch ins Café? – Ja, klar. Vor dem Konzert.
4 Musst du noch lernen? – Ja, das mache ich nach dem Essen.
5 Kann ich später noch einmal anrufen? – Ja, aber bitte nicht nach 23 Uhr.

39

2 Before the event ├──×──┤ or after the event ├──×──┤. Circle the correct icon.

1 vor dem Ausflug ⟨├──×──┤⟩ ├──×──┤
2 nach dem Frühstück ├──×──┤ ├──×──┤
3 vor der Hochzeit ├──×──┤ ├──×──┤
4 nach dem Flug ├──×──┤ ├──×──┤
5 nach dem Englischkurs ├──×──┤ ├──×──┤
6 vor der Pause ├──×──┤ ├──×──┤
7 nach dem Sport ├──×──┤ ├──×──┤
8 vor dem Termin ├──×──┤ ├──×──┤
9 vor dem Test ├──×──┤ ├──×──┤

3 Before or after? Answer.

1 Wann kommt er denn? (nach / ● Kurs) *Nach dem Kurs.*
2 Wann trainieren wir? (vor / ● Essen)
3 Und wann geht sie? (nach / ● Film)
4 Wann kommen sie in den Kurs? (nach / ● Ferien)
5 Wann kaufst du ein? (nach / ● Arbeit)
6 Wann duschst du? (vor / ● Frühstück)
7 Wann lernst du? (vor / ● Prüfung)
8 Wann gehen wir ins Café? (nach / ● Deutschkurs)

4 *dem* or *der*? Fill in the gaps.

1 Und wann feiert ihr? – Nach *der* Prüfung.
2 Wann kommen denn die Nachrichten? – Vor _____ Film.
3 Und wann lernst du? – Morgen früh vor _____ Test.
4 Vor _____ Abflug rufe ich an. – Okay.
5 Schreiben wir ein Diktat? – Ja, vor _____ Pause.
6 Hast du einen Termin? – Ja, aber nach _____ Termin können wir sprechen.

5 What time is it? Write sentences using *vor* and *nach*.

9:45 Uhr *Es ist Viertel vor zehn.* 17:40 Uhr
10:15 Uhr 23:55 Uhr
18:20 Uhr 00:05 Uhr

6 What do you usually do before and after your German class? Write two sentences using *vor* and *nach*.

Vor dem Deutschkurs lerne ich.

40 Ich fahre mit dem Bus.

Modale Präposition: *mit* + Dativ

A What is good for your carbon footprint? Read and add smileys.

Test – CO$_2$ und du!

☺ Ich fahre gerne mit dem Fahrrad.

...... Ich fahre immer mit der U-Bahn.

...... Ich fahre mit dem Taxi.

...... Ich fahre oft mit dem Bus.

...... Ich fahre immer mit dem Auto.

B Read A again and underline the preposition *mit*. Then fill in the gaps.

Wie?			
	● maskulin	....	Bus
	● neutral	....	Auto
mit + Dativ	● feminin	mit der	U-Bahn
	● Plural	mit den	Fahrrädern

C Read about the preposition *mit* and fill in the gap.

- *mit* is a preposition which is often used when answering questions with .... (= how?).
- *mit* is used when you want to say how you go somewhere.
- *mit* is followed by nouns in the dative, see 21.

1 Match the dialogues.

1 Kommst du mit dem Auto in die Stadt?

2 Ich fahre gerne mit der S-Bahn.

3 Ich fahre immer mit dem Fahrrad ins Büro.

4 Nimmst du ein Taxi?

5 Und wie kommst du nach Hause?

a Nein, das ist zu teuer. Ich fahre mit dem Bus.

b Ja, ich auch. Man kann lesen und arbeiten.

c Nein, da kann man doch nicht parken.

d Ich auch. So bleibe ich fit.

e Ich fahre mit der U-Bahn.

2 Fill in the gaps.

1

Ich fahre *mit dem Zug.* (● Zug)

Ich fahre .... (● Bus)

2

Ich fahre *mit der U-Bahn.* (● U-Bahn)

Ich fahre .... (● Straßenbahn)

3

Ich fahre *mit dem Fahrrad.* (● Fahrrad)

Ich fahre .... (● Taxi)

3 Complete the poster in German. Then translate.

Deutsch	Englisch	Meine Sprache

BLEIB RUHIG
UND
FAHR
_____

KEEP
CALM
AND
TAKE
THE BUS

4 Read the following entries on a message board and underline the correct articles.

www.verkehrsmittel.de/forum

Hallo, ich heiße Carla. Ich wohne in Hamburg und studiere Medizin. Ich brauche kein Auto. Ich fahre mit (1) *dem / der* U-Bahn oder mit (2) *dem / der* Bus. Die Universität ist nicht weit.

Hi, mein Name ist Ben. Ich komme aus München und wohne in der Stadt. Ich fahre immer mit (3) *dem / der* Fahrrad ins Büro. Das ist in München kein Problem. So bleibe ich fit.

Hallo, ich bin Stephanie. Ich wohne auf dem Land und habe ein Auto. Also, hier braucht man ein Auto. Ich fahre mit (4) *dem / der* Auto ins Fitness-Studio, in die Stadt und ins Büro.

5 David and his friends are at a party. How do they get home? Write sentences.

1 *David fährt mit dem Bus.*   David

2 _____   Tom

3 _____   Emma

4 _____   Emilia

5 _____   Paula

6 _____   Lee

6 How do you travel to the office, to the gym, into town, …? Write three sentences.

Ich fahre mit dem Fahrrad in die Stadt.

41 Wie heißt du?

W-Fragen

A Read the screenshots. Do you know these stars? Match the names and fill in the gaps.

Angelina
Vettel
Jolie
Sebastian

www.quizapp.de

Promi-Quiz   Level 1

Wer ist das?
Wie heißt er?
Woher kommt er?
Wo wohnt er?

_____

Tipp 1: Formel-1-Pilot aus Deutschland
Tipp 2: Trainer aus Barcelona

www.quizapp.de

Promi-Quiz   Level 1

Wer ist das?
Wie heißt sie?
Woher kommt sie?
Wo wohnt sie?

_____

Tipp 1: Schauspielerin aus den USA
Tipp 2: Model aus Paris

B Read A again and fill in the missing question words.

	2	
Was	ist	das?
Wer	ist	das?
....	heißt	er?
....	kommt	sie?

	2	
Wohin	fahren	Sie?
....	wohnt	er?
Wann	kommen	Sie?

C Read about questions.

- There are two types of questions: W-questions (= the question word starts with a *w*) and yes-/no-questions, see 42.
- W-questions are open questions, which means the answer requires information. Answering just yes or no is not enough. Typical question words are:
  was (what)   *wer* (who)   *wie* (how)   *woher* (where from)
  wohin (where to)   *wo* (where)   *wann* (when)
- W-questions start off with the question word. The verb is always in position 2.

1 Fill in the question words.

1   *Wie* heißt er? – Ben Schuster.
2   .... ist das? – Das ist eine Uhr.
3   .... bist du geboren? – Am 23. Januar 1992.
4   .... wohnt sie? – In Köln.
5   .... fahren wir? – Nach Berlin.
6   .... kommt Carla? – Aus der Schweiz.

2 Match the question words and translate.

Deutsch	Englisch	Meine Sprache
Woher? Wie? Wer? Wo?	who where where … from how	

3 Play domino and write down the questions.

du geboren?	Wie

wir?	Woher kommst

das?	Wann bist

ist das?	Wohin fahren

Sie?	Was

heißen Sie?	Wo wohnen

du?	Wer ist

Wie heißen Sie?

4 Fill in the table.

Wo ist die Küche?   Woher kommt Emma?
Wie heißt die Straße?   Wann kommst du?
Wohin fliegt ihr?   Was kostet der Schinken?
Wer hat kein Buch?

	2	
Wo	*ist*	*die Küche?*

5 Think of five questions you would like to ask one of your colleagues.

Woher kommst du?

42 Ist die Wohnung noch frei?

Ja-/Nein-Fragen

A You want to rent a flat. Tick the questions you need to ask when talking to a real estate agent.

☒ Ist die Wohnung noch frei?
○ Hat die Wohnung einen Balkon?
○ Können Sie die Datei öffnen?
○ Ist die Wohnung möbliert?

B Read A again and fill in the gap.

2				Antwort	
Sie	ist		noch frei.		
	Ist	sie	noch frei?	Ja.	☺
Sie	hat		einen Balkon.		
	....	sie	einen Balkon?	Nein.	☹

C Read about questions.

- There are two types of questions: W-questions (see 41) and yes-/no-questions.
- Yes-/No-questions are so called closed questions, which means the answer expected is either yes or no.
- Yes-/No-questions usually start off with the verb. The subject moves to a position after the verb.

1 Fill in *ja* or *nein*.

1 Ist die Wohnung im Zentrum? – *Ja*, sie ist nicht weit vom Marktplatz.
2 Suchen Sie ein Haus in der Stadt? – ...., wir suchen ein Haus auf dem Land.
3 Ist dein Büro weit von hier? – ...., ich bin in zehn Minuten im Büro.
4 Gibt es eine Schule in der Nähe? – ...., sie ist hier in der Straße.

2 Match the questions and the answers.

1 Sind Sie Frau Müller?   a Nein, ich spiele Gitarre.
2 Lernen Sie Deutsch?   b Ja, mein Name ist Lisa Müller.
3 Spielen Sie Klavier?   c Nein, aber ich gehe gerne ins Kino.
4 Gehen Sie gerne ins Theater?   d Ja, ich lerne Deutsch und Englisch.

3 Fill in the table.

~~Die Wohnung ist hell und ruhig.~~ ~~Hat das Haus WLAN?~~ Wie heißt denn die Straße?
Ist das Haus nicht teuer? Das Apartment ist nicht möbliert.

	2		
Die Wohnung	*ist*		*hell und ruhig.*
	Hat	*das Haus*	*WLAN?*

4 Sort and write down the questions.

1 Möchten / meine E-Mail-Adresse? / Sie *Möchten Sie meine E-Mail-Adresse?*
2 du / Wohnst / in Berlin? ....
3 sie / Hat / denn eine Wohnung? ....
4 die U-Bahn-Station / Ist / in der Nähe? ....

5 Sort the questions and answer using *ja* (☺) or *nein* (☹).

1 *Ist das Apartment noch frei?* – *Ja* (☺), es ist noch frei.
  Ist / noch frei? / das Apartment
2 .... – .... (☺), Deutsch und Englisch.
  Sie / Sprechen / Deutsch?
3 .... – .... (☹), leider nicht.
  Hat / einen Balkon? / die Wohnung
4 .... – .... (☹), in Berlin.
  Frankfurt? / in / Wohnen / Sie

6 Score goals. Tick where the ball should go.

1 ⊞ Tim ⊞ ein Auto?
2 Wo ⊞ Lisa ⊞ ?
3 ⊞ Tim und Lisa Freunde ⊞ ?
4 ⊞ Woher ⊞ Lisas Familie?

⚽ sind
⚽ hat
⚽ wohnt
⚽ kommt

7 Write an e-mail to a real estate agent and ask about a flat you are interested in.

Ist die Wohnung möbliert?
....

43 Morgen fahre ich nach Paris.

Verb auf Position 2

A It's a small world. Read and underline the verbs.

www.travelersblog.at

Gestern <u>war</u> ich in Rom.

Heute bin ich in Wien.

Morgen fahre ich nach Paris.

B Read A again and fill in the verbs.

	2		
Ich	war		gestern in Rom.

	2		
Gestern	war	ich	in Rom.
Heute	....	ich	in Wien.
Morgen	....	ich	nach Paris.

C Read about the structure of sentences.

- Subject in position 1 followed by the verb in position 2 is the basic structure of a sentence.
- Position 1 may be taken by an adverb of time, i.e. *heute, manchmal, im Sommer, am Montag*, etc.
- When an adverb of time is in position 1, the subject is pushed to a position immediately after the verb.
- Thus the verb always stays in position 2 and is either preceded or followed by the subject.

1 Read about Achmed's day and underline the verbs.

Achmeds Tag
Heute <u>hat</u> Achmed Deutschkurs. Am Nachmittag geht er
in die Stadt. Er trifft Freunde. Dann gehen sie ins Café.
Sie trinken Tee oder Kaffee. Am Abend spielen sie Fußball.

2 Fill in the table using the sentences in 1.

2			
Heute	*hat*	*Achmed*	*Deutschkurs.*

3 Rewrite the sentences.

1 Ben hat heute Schule.   *Heute hat Ben Schule.*

2 Er frühstückt um sieben Uhr.

3 Er nimmt dann den Bus.

4 Er trifft am Nachmittag seine Freundin.

5 Er geht später ins Fitness-Studio.

4 My week. Write sentences.

Montag	Dienstag	Mittwoch	Donnerstag	Freitag
Tennis spielen mit Boris	*Kaffee trinken mit Emma*	*Gitarre spielen mit Frank*	*Pizza essen mit Luisa*	*Musik hören mit Tina*

Am Montag spiele ich Tennis mit Boris.

5 Which sentences are wrong? Tick and write down the correct version.

☒ **1** Gestern Anna und Ben waren hier.   *Gestern waren Anna und Ben hier.*

○ **2** Im Sommer gehe ich gerne ins Café.

○ **3** Um 12 Uhr wir machen Pause.

○ **4** Am Wochenende Maria gerne
im Bett frühstückt.

6 And your day? Write three sentences starting with an adverb of time.

Am Morgen gehe ich

44 Ich will jetzt Deutsch lernen.

Satzklammer

DISCOVER IT

A Read the following WhatsApp messages and add brackets.

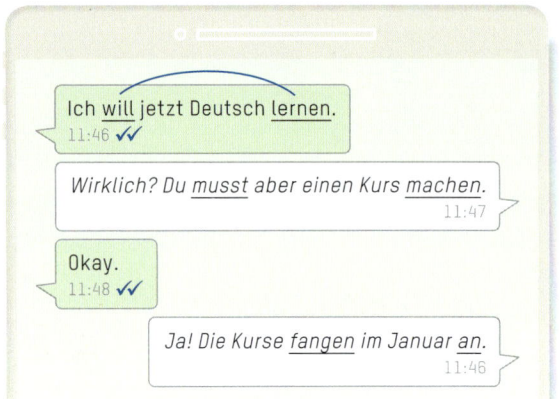

B Read A again and fill in the gaps.

		2		Ende
trennbare Verben	Die Kurse	fangen	im Januar	an.
Modalverben	Ich	will	Deutsch	lernen.
	Du		einen Kurs	
Perfekt	Er	hat	Deutsch	gelernt.
	Tim	ist	Fahrrad	gefahren.

C Read about the structure of sentences.

This is typical for German sentences: a part of the verb moves to the end, thus the verb embraces the sentence.
- Separable verbs (trennbare Verben): the separable part, i.e *an* in *an*|*fangen*, moves to the end.
- Modal verbs (Modalverben): the infinitive moves to the end.
- Present perfect (Perfekt): the past participle moves to the end.

PRACTICE IT

1 Match the dialogues and underline the separable verbs.

1 Also, das Hotel sieht nett aus.
2 Heute Abend rufe ich dich an.
3 Mach bitte das Licht aus! Ich möchte schlafen.
4 Wo steigen Sie aus?

a Ja, gerne. Gute Nacht.
b Ja, es ist auch super!
c Am Potsdamer Platz.
d Okay. Bis später.

44

2 The infinitives are in the wrong place. Cross them out and move them to the end of the sentence.

1 Was wollen ~~machen~~ wir heute Abend *machen* ?
2 Ich möchte gehen gerne ins Kino ....
3 Ich kann kommen leider nicht ....
4 Mein Vater muss gehen jetzt ....
5 Kann ich benutzen dein Handy ....?
6 Ich muss einkaufen noch ....

3 Score goals. Tick where the ball should go.

1 Wir haben ▯ ein Taxi ▯ .   ⚽ bestellt

2 Gestern ▯ wir ▯ einen Ausflug gemacht.   ⚽ haben

3 Am Vormittag habe ▯ ich Deutsch ▯ .   ⚽ gelernt

4 Ist sie ▯ mit dem Auto ▯ ?   ⚽ gekommen

5 Am Wochenende ▯ wir Fahrrad ▯ gefahren.   ⚽ sind

4 Mark the end of each sentence. Then write down the sentences using the table.

MEINDEUTSCHKURSFÄNGTHEUTEAN | GESTERNHABEICHDIEBÜCHERGEKAUFTMEINEFREUNDIN EMILYKANNLEIDERNICHTKOMMENSIEISTKRANKICHHABEDENLEHRERSCHONGESEHENERSIEHT SEHRNETTAUSNACHDEMKURSMUSSICHNOCHEINKAUFENDANNGEHEICHGLEICHNACHHAUSE

		2			Ende
1	Mein Deutschkurs	fängt		heute	an.
2					
3					
4					
5					
6					
7					
8					

5 Write three sentences about what you did yesterday.

Gestern habe ich mit Antonia Kaffee getrunken.

45 Ich komme nicht.

Negation mit *nicht*

DISCOVER IT

A Read the poem and underline *nicht*.

Nein, mein Tag ist das nicht!

👎 Wo ist denn die Sonne? Sie scheint leider <u>nicht</u>.

👎 Wo ist denn die U-Bahn? Sie fährt leider nicht.

👎 Was sagt denn der Chef? Mehr Arbeit und Stress,
aber mehr Geld zahlt er nicht.

👎 In der Kantine? Pommes sind aus, und Fisch mag ich nicht.

👎 Und wo ist mein Freund? Der kommt heute nicht.

B Read A again and fill in the gap.

> Die Sonne scheint leider nicht.
>
> Die U-Bahn fährt leider ....
>
> Mein Freund kommt heute nicht.
>
> Ich kann dir nicht helfen.
>
> Er ist nicht glücklich.
>
> Das finden wir nicht gut.
>
> Wir wohnen nicht in Berlin.

C Read about *nicht*.

- *nicht* may make a whole sentence or parts of a sentence negative.
- It is positioned towards the end of the sentence, but before the second part of the verb:
  Er kann dir nicht helfen.
- It is positioned before adjectives and before place and time: *Er ist nicht in Berlin. / Bitte kommen Sie nicht am Abend.*

PRACTICE IT

1 Match the dialogues and underline *nicht*.

1 Hier ist es aber kalt.
2 Kommen Sie denn?
3 Wie ist denn der Urlaub?
4 Ich bade nicht so gern.

a Nein, leider nicht.
b Tut mir leid, die Heizung funktioniert <u>nicht</u>.
c Ich auch nicht. Ich dusche lieber.
d Naja, das Hotel gefällt mir nicht.

45

2 *nicht* is in the wrong place. Cross it out and move it.

1 Alles klar? – Nein, das Wort ~~nicht~~ verstehe ich _nicht_

2 Gibt's hier auch Sojamilch? – Das nicht weiß ich _____.

3 Kommt Anna zum Deutschkurs? – Nein, sie nicht kann _____ kommen.

4 Wir fahren morgen nach Berlin. – Na, hoffentlich nicht regnet es _____

5 Wo ist denn Julian? Er muss doch lernen! – Er schläft. Er nicht will _____ lernen.

3 A classroom full of nothing. Write sentences using *nicht*.

1 Haben wir Stühle? _Nein, Stühle haben wir nicht._

2 Gibt es denn Deutschbücher? _____

3 Haben wir Papier und Bleistifte? _____

4 Gibt es denn Tische? _____

5 Und haben wir Computer? _____

4 Mark where *nicht* should go. Cross out the other one.

1 Ben ist krank. Er ~~nicht~~ darf [nicht] arbeiten.

2 Was heißt das? Das nicht verstehe ich nicht.

3 Wir kommen zu spät. Das Auto nicht funktioniert nicht.

4 Emma kann nicht in den Deutschkurs kommen nicht. Sie hat einen Termin.

5 You don't agree. Write sentences with *nicht*.

1 Das Konzert war schlecht. _Nein, das Konzert war nicht schlecht._

2 Sein Deutsch ist gut. _____

3 Rauchen ist hier erlaubt. _____

4 Ja, Maria ist da. _____

5 Das hat Opa verstanden. _____

6 Das Zimmer ist hässlich. _____

7 Das Auto ist zu klein. _____

6 Make the sentences negative.

1 Ich wohne in Berlin. _Ich wohne nicht in Berlin._

2 Ich bin müde. _____

3 Ich komme am Vormittag. _____

4 Ich bin glücklich. _____

7 What's wrong today? Write two sentences using *nicht*.

Die Pizza schmeckt nicht.

46 Die Sonne scheint und es ist warm.

Konnektoren *und, oder, aber, denn*

A Read Paul's and Emma's postcard. Underline *und, oder, aber, denn*.

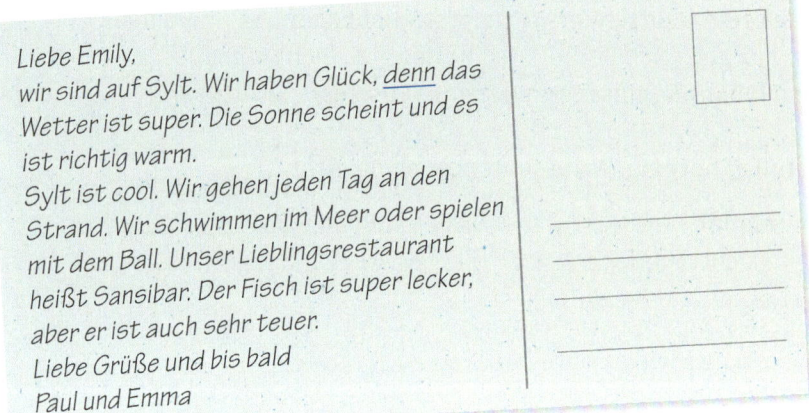

Liebe Emily,
wir sind auf Sylt. Wir haben Glück, denn das
Wetter ist super. Die Sonne scheint und es
ist richtig warm.
Sylt ist cool. Wir gehen jeden Tag an den
Strand. Wir schwimmen im Meer oder spielen
mit dem Ball. Unser Lieblingsrestaurant
heißt Sansibar. Der Fisch ist super lecker,
aber er ist auch sehr teuer.
Liebe Grüße und bis bald
Paul und Emma

B Read A again and fill in the gaps.

Satz 1		Satz 2
Die Sonne scheint	und	es ist warm.
Wir schwimmen im Meer	....	(wir) spielen mit dem Ball.
Der Fisch ist lecker,	....	er ist auch teuer.
Wir haben Glück,	....	das Wetter ist super.

C Read about words that connect sentences.

und, oder, aber and *denn* connect sentences:
- *und* (= and) is used when you list things.
- *oder* (= or) is used when giving alternatives.
- *aber* (= but) is used when you want to restrict or qualify something.
- *denn* (= because) is used when giving a reason.

1 Connect the sentences using *und*.

1 Heute regnet es. Es ist kalt.   *Heute regnet es und es ist kalt.*

2 Ich muss Hausaufgaben machen.
   Ich muss noch einkaufen.

3 Wir waren am Strand. Wir haben
   viel gelesen.

2 Write questions using *oder*.

1 Tee / Kaffee: möchten *Möchtest du Tee oder Kaffee?*

2 Wein / Bier: nehmen

3 Pizza / Spaghetti: lieber essen

3 What a party! Nobody's there. Connect the sentences using *denn*.

1 Nina kann nicht kommen. Sie muss in den Deutschkurs.
Nina kann nicht kommen, denn sie muss in den Deutschkurs.

2 Steffi kommt nicht. Ihre Katze ist krank.

3 Tim hat keine Zeit. Er muss zum Training.

4 Write sentences using *aber*.

1 Wohnung: groß / teuer *Die Wohnung ist groß, aber teuer.*

2 Bus: billig / langsam

3 Haus: klein / sehr schön

5 Connect the sentences.

1 Möchtest du ins Kino oder — das kostet Geld.

2 Ich möchte gerne ins Kino und — wollen wir essen gehen?

3 Das können wir gerne machen, aber — dann eine Pizza essen.

4 Kein Problem, denn — ich habe jetzt einen Job und verdiene gut.

6 Fill in the gaps.

und ~~denn~~ aber oder

1 Wo bist du? – Ich kann nicht kommen, *denn* ich bin krank.

2 Möchten Sie Kaffee _____ nehmen Sie ein Wasser? – Ein Wasser, bitte.

3 Ich glaube es nicht, _____ es steht in der Zeitung. – Ja, ich habe es auch gelesen.

4 Ich muss um acht nach Hause! – Ich auch. Ich muss Paula abholen _____ ich muss noch kochen.

7 And you? Give reasons using *denn*.

Sport machen *Ich mache Sport, denn ich möchte fit bleiben.*

Deutsch lernen

Freunde treffen

Lösungen

1 Ich und du

A ich   wir

B du

1 ich *ihr* Sie sie du wir es er sie

2 Singular: du, er, sie, es, Sie   Plural: wir, ihr, sie

3 2 Wir   3 Wir, Ich

4 2 Er   3 sie

5 2 Sie   3 du   4 du

6 1 du   2 ihr, du, du   3 Du

7 2 Singular   3 Plural

8 *Example solution:* ... ist nett. Er arbeitet viel.

2 Ich bin Laura.

A Hallo, ich bin Laura. Ich bin 22 Jahre alt.
Verheiratet bin ich nicht. Aber ich bin glücklich.
Mein Freund heißt Tim. Er ist IT-Ingenieur.
Er ist aus Berlin.

B bist   ist

1 1 bin   2 bin, Bist   3 bist, bin   4 bin

2 2A 3B 4F 5E 6D

3 (2) ist   (3) sind   (4) sind   (5) sind

4 2 seid   3 wir sind   4 ihr seid   5 wir sind

5 (2) sind   (3) ist   (4) ist   (5) ist   (6) bin   (7) ist

6 *Example solution:* Mein Name ist Mia. Ich bin 45 Jahre
alt, arbeite als Bäckerin und bin verheiratet. Meine
Lieblingsfarbe ist rot und ich male gerne.

3 Ich heiße Emma.

A lieben – lieben   kommt – kommen   macht – machen
studiert – studieren   arbeitet – arbeiten   wohnen –
wohnen

B macht   heiße   arbeitet

1

wohne	liebe	studiere
wohnst	liebst	studierst
wohnt	liebt	studiert
wohnen	lieben	studieren
wohnt	liebt	studiert
wohnen	lieben	studieren

2 1 komme   2 wohnst, wohne   3 machst, arbeite
4 heiße, heißt, heiße   5 Arbeitest, arbeite

3 (2) studiert   (3) arbeitet   (4) wohnt   (5) wohnt
(6) macht   (7) arbeitet

4 Carla und David lieben Italien.   Ihr wohnt in Wien.
Martha und ich arbeiten am Wochenende.
Ihr kommt bitte in den Deutschkurs!

5 2 Kommst   3 heißen   4 heißt   5 Arbeiten   6 arbeitest

6 (2) wohnt   (3) mache   (4) lerne   (5) ist   (6) heißt
(7) gehen   (8) macht   (9) Arbeitest

7 *Example solution:* Das ist Marina, sie kommt aus
Slowenien und arbeitet hier als Übersetzerin.
Sascha kommt aus Weißrussland und macht eine
Ausbildung als Pfleger hier.

4 Ich habe einen Traum.

A Ich habe ein Haus.   Ich habe einen Traum.
Sie hat einen Job.   Sie hat einen Freund.
Sie hat einen Traum.   Wir haben Kinder.
Wir haben Glück.   Wir haben einen Traum.

B habe   hat   haben

2 2 Hast   3 Hast   4 hast, habe   5 habe

3 2 hat   3 hat   4 haben   5 habt, habt   6 haben

4 2 Hast   3 hast   4 haben

5 2 Haben   3 Hat   4 Haben

6 (2) hat   (3) hat   (4) hat   (5) hat   (6) habe

7 2 haben   3 hat   4 habe   5 hat   6 haben   7 Habt

8 *Example solution:* Ich habe viele Freunde. Ich habe
eine Katze. Ich habe viele Hobbys.

5 Sie isst gerne Pizza.

A liest   trifft   fährt   isst   lädt ein

B spricht   liest   fährt   lädt ein

1 sprechen   treffen   fernsehen

2 trifft, trefft   isst, esst   liest, lesen   fährst, fahrt
lädst ein, lädt ein   sieht fern

3 2 trifft   3 liest   4 fährt   5 lädt ... ein

4 2 Trefft   3 sprichst   4 sprecht   5 Isst

5 1 Fährst   2 Lädst ... ein   3 Lädt ... ein   4 Ladet ... ein

6 (2) fährt   (3) treffen   (4) lese

7 (2) liest   (3) lädt ... ein   (4) fährt   (5) isst

8 *Example solution:* ... mein Freund Pietro. Er kommt
aus Italien, aus Neapel. Er lebt jetzt in München. Er
studiert Medizin. Er spricht Italienisch und Deutsch.
Pietro liebt Sport: Er spielt Fußball, Tennis und
Basketball. Und er kocht gern.

6 Geh! Geht! Gehen Sie!

A 1B 2A

B gehen   lesen   aufstehen

1 du: Buchstabiere bitte! Schreib bitte!
ihr: Buchstabiert bitte! Schreibt bitte!
Sie: Buchstabieren Sie bitte! Schreiben Sie bitte!

2 2 Iss bitte! 3 Sprich bitte! 4 Sieh bitte! 5 Hilf bitte!

3 ihr: Kauft bitte ein! Ruft bitte an! Fangt bitte an!
Sie: Kaufen Sie bitte ein! Rufen Sie bitte an!
Fangen Sie bitte an!

4 (2) Reparier (3) wasch (4) Macht ... zu (5) Trinkt
(6) Esst (7) Lernt (8) Ruf ... an (9) Hilf (10) Kauf

5 2 class 3 class 4 single student 5 single student

6 2 macht bitte die Aufgabe zusammen!
3 buchstabier bitte das Wort! 4 Sprich bitte lauter!
5 Fangt bitte an!

7 *Example solution*: Sprich bitte lauter! Nehmt bitte
die Bücher! Lernt für den Test!

7 Ich stehe um 7 Uhr auf.

A einkaufen fernsehen anrufen

B ein an

1 2 Wo steigen wir aus?
3 Emma, mach bitte das Licht aus!

2 1 aufräumen 2 fernsehen 4 anrufen
5 ausmachen 6 einkaufen

3

	2			Ende
Um zehn Uhr
Ich	räume
kaufe	ich	die Wohnung
um zwei Uhr im
Supermarkt	auf.
ein.
Abends
Um elf Uhr	sehe
mache	ich
ich	das Licht	fern.
aus.

4 2 Fabio kauft abends ein. 3 Anna steigt am Alexanderplatz aus. 4 Martha sieht nachmittags fern.

5 2 Siehst du beim Frühstück fern?
3 Steigst du immer am Potsdamer Platz aus?
4 Wann ruft deine Mutter an?

6 2 Mach ... aus 3 Räum ... auf 4 Steig ... ein

7 *Example solution*: Ich räume nachmittags auf.
Ich sehe oft fern. Ich kaufe abends ein. Ich rufe
oft meine Freundin an. Ich mache um 23 Uhr
das Licht aus. Ich schlafe um 23.30 Uhr ein.

8 Ich habe Deutsch gelernt.

A Haben Sie einen Beruf gelernt?
Ich habe ein Jahr in England gelebt und studiert.

B gelebt gelernt

C haben

1 gehabt Gefeiert Getanzt Gelacht Gelernt
Gearbeitet Getanzt gelacht gehabt gehabt

2

ge- ...t	...t
gefehlt gefragt geholt gehört
gekocht geschneit gereist
gesagt gespielt	trainiert verdient
verkauft telefoniert

3

ge- ...t	gehabt gearbeitet gesucht geschmeckt
...t	benutzt buchstabiert bezahlt bestellt

4 2 lernen, Hast ... gelernt 3 telefonieren, hat ... telefo-
niert 4 hören, haben ... gehört 5 besuchen, Habt ...
besucht 6 spielen, haben ... gespielt

5 2 haben ... gehört 3 habe ... gefragt 4 hat geschneit
5 habe ... verkauft 6 habe ... repariert 7 Hast ...
gespielt

7 *Example solution*: Ich habe Handball gespielt. Ich
habe bei einer Firma in München gearbeitet.

9 Wir haben Pommes frites gegessen.

A Am Nachmittag haben wir am Strand gelesen und
geschlafen.
Die Sonne, der Wind! Cool! Am Abend haben wir
Cocktails in der *Wunderbar* getrunken.

B gegessen getrunken

1 denn schon gelesen? – Nein, habe ich nicht.
du den Film gesehen? – Ja, er war super.
Hast du gut geschlafen? – Ja, danke.

2 ☞ 2 halten 6 essen 7 trinken
👆 1 schlafen 3 lesen 4 finden 5 geben

3 Hamburg

4 gegessen, Hast ... gegessen? gehalten, hat ... gehalten
gelesen, haben ... gelesen geschlafen, Habt ...
geschlafen? getrunken, haben ... getrunken

5 (2) gegessen (3) gespielt (4) gelesen (5) geschlafen
(6) geduscht (7) getrunken

6 2 hat ... gehalten, hat ... gesehen 3 Habt ... gegessen
4 habe ... gefunden

7 *Example solution*: Ich habe Kaffee getrunken. Ich habe
Zeitung gelesen. Ich habe Müsli gegessen.

10 Wir sind Fahrrad gefahren.

A Wir haben die ganze Insel gesehen. Am Nachmittag ist
dann Carla gekommen, eine Freundin aus Hamburg.
Am Abend haben wir getanzt und gefeiert.

B gefahren gekommen

1 2c 3a

2 laufen – gelaufen   kommen – gekommen
gehen – gegangen

3 2 gekommen, bist ... gekommen   3 gefahren,
ist ... gefahren   4 gegangen, sind ... gegangen
5 gefahren, seid ... gefahren   6 gegangen,
sind ... gegangen

4 (2) haben   (3) sind   (4) sind   (5) haben   (6) sind
(7) haben   (8) hat   (9) bin   (10) habe   (11) ist
(12) habt   (13) sind   (14) haben   (15) haben   (16) bin

5 Dann habe ich gefrühstückt. Ich habe Kaffee
getrunken und Toast gegessen. Am Vormittag
habe ich die Zeitung gelesen. Dann habe ich ein
bisschen gelernt. Am Nachmittag bin ich in die Uni
gegangen. Dann habe ich Sport gemacht. Am Abend
habe ich Musik gehört und bin ins Bett gegangen.

6 *Example solution*: Hast du schon einmal Tango
getanzt? Bist du schon einmal im Central Park
gelaufen? Hast du schon einmal etwas gewonnen?

11 Ihr könnt unsere Parkplätze benutzen.

A 2A   3C

B könnt

1 2 possibility   3 skill

2 2 können   3 kannst   4 könnt

3 (2) kann   (3) kannst   (4) kann

4 Ich kann auch Yoga machen. Du kannst die Parkplätze
gratis benutzen.   Er kann richtig gut erklären.

5 Könnt ihr denn zum Yogakurs kommen?
Können wir mal zusammen trainieren?
Könnt ihr bitte den rechten Arm heben.

6 2 kann   3 Können   4 Können   5 Kann, kann

7 *Example solution*: gut: Ich kann gut singen.
(gar) nicht: Ich kann gar nicht (gut) Fußball spielen.

12 Muss ich mehr arbeiten?

A Du musst mehr arbeiten!
Du musst die E-Mails checken. Du musst ...

B muss   musst

1 2 muss   3 müssen   4 musst

2 2 musst   3 muss   4 musst

3 Sie müssen: you address somebody formally
ihr müsst: you address a group of people informally

4 Müssen Sie noch auf einen Kunden warten? Müssen
Sie heute auch noch telefonieren? Müsst ihr zum Chef
gehen? Müsst ihr jetzt nicht ins Meeting?

5 2 Emilie muss Getränke für die Party kaufen.
3 Sie muss in die Stadt gehen.   4 Er muss jetzt gehen.

6 (2) kann   (3) musst   (4) müssen   (5) könnt   (6) muss

7 *Example solution*: immer pünktlich sein. Muss ich?
Du musst das Leben genießen. Muss ich?

13 Was willst du werden?

A 1B   2A

B will   möchte

1

	möchten	wollen
du	möchtest	willst
er / es / sie	möchte	will
wir	möchten	wollen
ihr	möchtet	wollt
sie / Sie	möchten	wollen

S	W	Q	Z	M	W	Y	Z	C	V
C	I	W	M	Ö	C	H	T	E	B
Y	L	M	Ö	C	H	T	E	N	Y
X	L	R	N	H	R	M	M	W	E
Q	A	T	T	T	R	M	Ö	O	M
W	R	U	P	E	I	Ö	C	L	W
W	O	L	L	T	R	C	H	L	O
I	O	P	A	C	V	H	T	E	L
A	S	M	Ö	C	H	T	E	N	L
W	I	L	L	J	K	E	T	Y	E
A	S	Q	W	R	T	S	O	U	N
M	W	I	L	L	S	T	P	I	Z

2 2 will   3 Willst   4 wollen   5 Wollt   6 will

3 2c   3a   4e   5b

4 (2) möchte   (3) Möchten   (4) möchten   (5) Möchtet

5 2 Möchtest   3 möchte   4 möchten

6 2 Sie möchte Psychologie studieren.   3 Ich will einen
Beruf lernen.   4 Wir wollen einen Englischkurs
machen.

7 *Example solution*: Ich möchte in einem Haus auf dem
Land wohnen, zwei Kinder und einen Hund haben.
Ich will eine Weltreise machen. Ich will studieren.
Ich will glücklich sein.

14 Wir dürfen viel sprechen.

A Wir dürfen nicht schlafen. ✗   Wir dürfen lesen. ✓
Wir dürfen nicht telefonieren. ✗   Wir dürfen Fehler
machen. ✓   Wir dürfen keine Musik hören. ✗
Wir dürfen Smartphones benutzen. ✓

B dürfen

1 d**a**rf d**a**rf d**ü**rf**en** d**ü**rf**t** d**ü**rf**en**

2 2 darf 3 dürft 4 darf 5 dürfen

3 2 Dürfen wir Sie zu einem Kaffee einladen?
polite request
3 Es darf nicht mehr als 15 Euro kosten. not allowed
4 Achtung! Das dürfen Sie nicht tun! not allowed
5 Hier im Kurs darf man nicht essen. not allowed
6 Darf ich Sie um etwas bitten? polite request
7 Ihr dürft hier nicht rauchen. not allowed
8 Was darf es denn sein? polite request

4 2 dürft 3 darf 4 darfst 5 dürfen 6 darf

5 DU DARFST INS ARBEITSBUCH SCHREIBEN.
PAOLA DARF NEBEN JULIA SITZEN.
ICH DARF MONTAGS SPÄTER KOMMEN.

6 Wollen willst

7 *Example solution*: Wir dürfen lange Pause machen.
Wir dürfen draußen rauchen. Wir dürfen nicht schlafen.

15 Was soll ich denn tun?

A Mama, ich habe Husten, Schnupfen und Fieber.
Was soll ich denn tun? Trink Tee, iss eine Suppe und
bleib im Bett! Schlafen ist wichtig! Lisa: Und? Was
schreibt sie? Jo: Ich soll Tee trinken. Ich soll Suppe
essen und ich soll im Bett bleiben.

B soll trinken essen

1 soll soll soll**en** soll**t** soll**en**

2 2 soll 3 soll 4 Sollt 5 sollst

3 aus der Garage holen und Steaks und Bier kaufen.
Wir sollen auch einen Salat machen und Tim und Sara
anrufen.

4 2 ich soll viel Tee trinken. 3 ich soll die Tabletten
nehmen. 4 ich soll im Bett bleiben.

5 2 Sollen wir die Tabletten bestellen? 3 Soll ich Ihnen
helfen? 4 Soll ich etwas mitbringen? 5 Soll ich
heute kommen? 6 Sollt ihr mehr Sport machen?

6 2 sollen 3 Soll 4 sollt 5 soll 6 Sollen

7 *Example solution*: Wir sollen die Vokabeln lernen.
Wir sollen viel schreiben. Wir sollen die Hausaufgaben
machen. Wir sollen oft Deutsch sprechen.

16 Der Film

A das die

B das die

1 der Wagen das Auto das Motorrad das Flugzeug
die U-Bahn die Straßenbahn die Straße

2

●	●	●
der Tisch, der Stuhl	das Sofa, das Fahrrad	die Lampe, die Jeans, die Bluse, die Uhr

3 Computer, Bild, Taxi, Pizza, Jacke, Handy, Motorrad,
Marmelade, Hotel

4 ● : der Computer
● : das Bild, das Taxi, das Handy, das Motorrad,
das Hotel
● : die Pizza, die Jacke, die Marmelade

5 2 das 3 der 4 die

6 2 das 3 der 4 die

7 *Example solution*: der Strand, der Fußball, die Freunde,
die Musik, das Auto, das Buch, die Sonne,
das Smartphone, die Natur, die Katze

17 Äpfel und Birnen

A Birnen, Orangen

B Birnen, Äpfel

1

-n	-en	-s
die Straße – die Straßen, die Ampel – die Ampeln, die Tomate – die Tomaten	die U-Bahn – die U-Bahnen	das Café – die Cafés, das Auto – die Autos

2 2 Kinder 3 Lieder 4 Arme 5 Schilder 6 Beine
7 Filme

3 2 die Kuchen 3 die Hähnchen

4 2 Bäume 3 Grüße 4 Fahrräder 5 Mütter 6 Gläser
7 Züge

5

Singular	Plural
das Heft, das Brötchen, der Stift, das Buch, das Kind, die Pause, der Arzt, der Stuhl, das Ei	die Hefte, die Brötchen, die Stifte, die Bücher, die Kinder, die Pausen, die Ärzte, die Stühle, die Eier

6 2 Stühle 3 Stifte 4 Bücher

7 Bücher, Stifte, Stühle, Tische, Hausaufgaben,
Computer, Radiergummis

8 1 Kartoffeln 2 Tomaten 3 Äpfel, Bananen und
Birnen 4 Orangen

9 die Tomate der Gast das Geschäft das Glas
die Birne die Blume das Brötchen

10 *Example solution*: Nudeln – die Nudel, Kartoffeln –
die Kartoffel, Bananen – die Banane, Äpfel – der Apfel

18 Die Küche kostet nicht viel.

A <u>Eine</u> Küche von XL-Möbel kostet nicht viel.
Stimmt! Und <u>die</u> Küchen von XL-Möbel sind cool!

B die   die

1

●	der Tisch	ein Tisch	mein Tisch	kein Tisch
●	das Sofa	ein Sofa	mein Sofa	kein Sofa
●	die Lampe	eine Lampe	meine Lampe	keine Lampe

2 ●: der Gemüseladen, der Spielplatz, der Kindergarten, der Supermarkt
● : das Restaurant, das Geschäft, das Café, das Haus
●: die Kirche, die Metzgerei, die Schule, die Straße

3 (2) die   (3) das   (4) die   (5) die   (6) der   (7) die
(8) die   (9) der   (10) der   (11) der

4 2 ein   3 Ein   4 –

5 meine: ● feminin   mein: ● neutral

6 (2) mein   (3) Mein   (4) meine   (5) Mein   (6) Mein

7 *Example solution:* Bücher, mein Smartphone, Freunde, mein Bett, Musik

19 Ich bestelle einen Salat.

A Ich bestelle schon mal <u>eine</u> Pizza und <u>einen</u> Salat.

B den   eine

C den   einen

1

●	den Salat	einen Salat	meinen Salat	keinen Salat
●	das Bier	ein Bier	mein Bier	kein Bier
●	die Pizza	eine Pizza	meine Pizza	keine Pizza

2

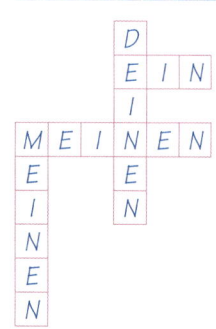

3 2 Ich habe das Brot vergessen!   3 Ich habe die Tomaten vergessen!   4 Ich habe die Butter vergessen!
5 Ich habe den Käse vergessen!   6 Ich habe den Salat vergessen!

4 2 ein Bier   3 eine Cola   4 einen Salat   5 Spaghetti
6 eine Suppe   7 Pommes Frites   8 einen Kaffee

5 2 kein(e) Ei(er)   3 keine Suppe   4 keinen Burger
5 keinen Salat

6 2 die Antwort   3 das Wort   4 die Vokabeln
5 die Artikel   6 den Dialog

7 *Example solution:* ein Smartphone, ein Kursbuch, Hausaufgaben, ein Wörterbuch, einen Apfel, eine Flasche Wasser, einen Bleistift, ein Heft

20 Ich nehme den Computer.

A Ich <u>nehme</u> auch die Tasche und den Drucker.
Und wir <u>brauchen</u> eine Maus.

B habe   nehme   brauchen

C 2

1 holen   trinken   stellen   suchen   haben

2 Magic Word: Akkusativ

3 Du nimmst eine Jacke.   Er sucht eine Hose.
Sie hat ein Kleid.   Wir brauchen einen Mantel.
Ihr sucht eine Tasche.   Sie brauchen Schuhe.

4 1 Sie hat einen Job bei Siemens.   2 Ihr nehmt das Smartphone.   3 Tim und Nina kaufen ein Haus in Berlin.   4 Wir suchen den Autoschlüssel.
5 Ich brauche noch einen Drucker.

5 *brauchen:* Ich brauche Zeit.   Ich brauche einen Urlaub am Meer.   Ich brauche ein Handy.   Ich brauche einen Kaffee.
möchten: Ich möchte ein Haus in München.
Ich möchte ein Auto.   Ich möchte einen Job bei Apple.
Ich möchte ein Smartphone.

21 Die Boutique gehört einem Freund.

A 1 B einem Freund   2 A dem Taxi

B dem   einem

1

●	mit dem Bus	mit einem Bus	mit meinem Bus	mit keinem Bus
●	mit dem Taxi	mit einem Taxi	mit meinem Taxi	mit keinem Taxi
●	mit der U-Bahn	mit einer U-Bahn	mit meiner U-Bahn	mit keiner U-Bahn

2 2 mit der Straßenbahn. 3 mit dem Fahrrad.
4 mit dem Auto. 5 mit dem Motorrad. 6 mit dem Zug.

3 definite: Gehst du zu Fuß? Nein, ich fahre mit dem Bus.
Indefinite: Wem gehört das iPad? Das gehört einer
Freundin. definite: Ist das dein Smartphone?
Nein, es gehört dem Lehrer.

4 2 Freunden 3 einem Mietauto 4 einem Freund
5 einer Kollegin

5 (2) meinem Bruder (3) meiner Schwester
(4) meinem Vater (5) meiner Mutter
(6) meinem Lehrer (7) meiner Kollegin

6 2 meiner Schwester 3 meinem Bruder meinem Chef

7 *Example solution*: mit dem Zug, mit der S-Bahn, mit
dem Fahrrad

22 Die Pizza schmeckt der Frau.

A 2A 3C

B schmeckt

1 2 gefällt 3 hilft 4 Gefallen 5 danken

2 2 Der Chef dankt der Kollegin. 3 Das Auto gehört
dem Freund. 4 Die Pizza schmeckt dem Kind. 5 Das
Haus gehört der Chefin. 6 Das Kind hilft dem Mann.

3 **Akkusativ**: b, e, f, i, j **Dativ**: a, c, d, g, h

4 **Singular**: Das Haus gefällt der Frau. Die Stadt gefällt
dem Mann. Die Pizza schmeckt der Kollegin.
Plural: Die Wohnungen gehören dem Lehrer.
Die Bücher gehören der Chefin. Die Brötchen
schmecken der Großmutter.

5 *Example solution*: Ich helfe meiner Großmutter.
Ich helfe meinem Bruder. Ich helfe meinem Freund.
Ich helfe dem Kind. Ich helfe meiner Schwester.

23 Er ist viel zu klein.

A es sie

B ● neutral: das Bett ● feminin: die Lampe

C er, es, sie, sie

1 er: der Hund, der Tisch, der Mann, Tom, Herr Müller
es: das Bett, das Pony, das Baby, das Mädchen
sie: die Lampe, die Frau, Frau Frank, Emilie
sie: die Stühle, die Katzen, Steffi und Ben

2 2a 3d 4c

3 2 sie 3 Es 4 sie 5 Er 6 es

4 2 sie 3 er 4 sie 5 es 6 er 7 sie

5 2 Wo ist die Firma? … Sie 3 Woher kommt der
Drucker? … Er 4 Wie ist das Apartment? … Es

6 Sie ist weiß und groß. Er ist billig und praktisch.

24 Ich liebe dich.

A Das ist Jonas. Er ist mein Vater. Ich liebe ihn.

B ihn sie

1 2 Und ist das dein Bruder? – Ja, kennst du ihn?

3 Ist das deine Mutter? – Ja, ich liebe sie.

2 2 ihn 3 sie 4 es 5 ihn

3 2 dich 3 Sie 4 dich

4 2 dich 3 dich 4 euch

5 2 uns 3 mich 4 uns

6 2 Ja, ich liebe sie sehr. 3 Ja, wir brauchen sie.
4 Okay, ich mache sie zu. 5 Ich kenne ihn nicht.

7 Deutsch: Er liebt mich, er liebt mich nicht.

8 *Example solution*: Mein Haus? Ja, ich liebe es. Meine
Mutter? Ja, ich liebe sie. Meinen Vater? Ja, ich liebe ihn.
Meinen Job? Ja, ich liebe ihn. Mein Kind? Ja, ich liebe es.

25 Gefällt mir.

A Du liebst Wien.: Gefällt dir. Und wir wohnen gerne
in Berlin.: Gefällt uns. Du magst die Berge: Gefällt
dir Ich liebe die Sonne und den Strand.: Gefällt
mir. Und wir leben gerne auf dem Land.: Gefällt uns.

B mir dir uns

1 ihnen: them ihr: her mir: me ihm: him

2 2 Ihr 3 ihm 4 ihm

3 2 euch 3 euch 4 uns

4 2 euch 3 mir 4 ihm 5 Ihnen 6 ihnen 7 dir 8 ihr

5 1 mir 2 ihm 3 Ihnen 4 mir 5 mir 6 dir 7 mir
8 dir, mir

6 *Example solution*: Meine Freundin möchte in Kanada
leben. Kanada gefällt ihr. Mein Mann möchte in Paris
wohnen. Paris gefällt ihm. Meine Mutter möchte in
der Stadt wohnen. Die Stadt gefällt ihr.

26 Nichts geht mehr!

A 1B 2A

B alles nichts

C nichts mehr

1 1 nichts 2 nichts 3 alles 4 nichts

2 (2) nichts (3) etwas (4) nichts (5) nichts (6) etwas

3 Ich möchte mehr Urlaub. Meine Frau braucht mehr Zeit. Wir brauchen mehr Wohnungen in Deutschland. Der Koch braucht mehr Arbeit.

4 2 nichts 3 nichts 4 mehr

5 2 kann man das Brandenburger Tor sehen. 3 kann man das Schloss Belvedere besichtigen. 4 kann man den Eifelturm sehen.

6 2 nichts 3 etwas 4 mehr 5 man

7 *Example solution:* Man kann Eis essen. Man kann ins Kino gehen. Man kann viele Kirchen besichtigen.

27 Die Studentin kommt aus Nigeria.

A 2B 3A

B die eine

C das die

1 specific: Gehst du ins Stadion? Ja, *das* Spiel fängt gleich an. / Wann kann ich *den* Schrank abholen? Morgen. Dann ist er auch fertig.
nonspecific: Möchten Sie *einen* Kaffee? Ja, gerne.

2 2 Der 3 Die 4 Das 5 Der

3 2 einen 3 ein 4 eine

4 2 eine, Die 3 ein, das 4 einen, ein, Das

5 1 ein, Der 2 –, Die 3 ein, ein, das 4 eine, die

6 (2) eine (3) ein (4) ein (5) den (6) die (7) das (8) das

7 *Example solution*: Hast du ein Haustier? Hast du einen Laptop? Hast du eine Schwester? Wohin hast du eine Reise gemacht? Wann kaufst du ein Handy?

28 Nein, das ist auch kein Baum.

A Laura: Ist das *ein* Baum? ☺ ich: Nein, das ist auch *kein* Baum. ☹ Laura: Ah, das ist *eine* Lampe. ☺ ich: Ja, *eine* Lampe. ☺

B ein kein eine

C ein kein

1 ● ein ● eine ● kein ● keine

2 3 kein 4 kein 5 ein 6 eine 7 keine 8 keine 9 –

3 2 Das ist kein Tisch. 3 Das ist ein Auto. 4 Das ist kein Auto. 5 Das ist eine Uhr. 6 Das ist keine Uhr.

4 2 Ist das eine Lampe? – Nein, das ist keine Lampe. 3 Ist das ein Schrank? – Ja, das ist ein Schrank. 4 Ist das ein Bett? – Nein, das ist kein Bett.

5 2a Also, ich mag eigentlich keinen Fisch. 3d Ja, es kommen heute keine Busse mehr. 4b Möchtest du ein Bier oder einen Wein? – Gerne ein Bier. 5c Nein, ich habe keinen Garten.

6 2 Eine, keine, ein 3 keine 4 eine, keinen 5 kein

7 *Example solution*: Das ist doch kein Bett, das ist eine Badewanne. Das ist doch kein Salz, das ist Zucker. Das ist doch kein Telefon, das ist eine Banane.

29 Ich habe immer Orangensaft im Kühlschrank.

A Ich habe natürlich immer Orangensaft und <u>Eis</u> im Kühlschrank. Dann brauche ich noch <u>Obst</u> für meinen Lieblings-Smoothie: <u>Bananen</u>, <u>Äpfel</u> und <u>Zitronen</u> …

B Orangensaft Obst

C Articles are used when the quantity is specified or when we point to certain things. When talking about nonspecific quantites we don't use an article.

1 specific: Was? Achttausend Euro! Ja, ich brauche <u>das Geld</u> für das neue Auto. / Kannst du mir bitte <u>das Salz</u> geben? Ja, hier bitte. nonspecific: Brauchen wir <u>Salz</u>? Nein, <u>Salz</u> haben wir.

2 2 das 3 – 4 –

3 BANANEN TOMATEN EIER ORANGEN MÖHREN KARTOFELN

4 2 Bananen und Milch. 3 Eier und Schinken. 4 Möhren und Kartoffeln. 5 Bananen und Orangen. 6 Salat. Eier

5 3 –,– 4 den 5 – 6 Das 7 –,– 8 Der

6 2 Brauchen wir auch ~~die~~ Milch? Ja, bitte kauf zwei Liter. 3 Und was frühstückt ihr gerne? – ~~Die~~ Brötchen mit Marmelade.

7 Ich brauche Geld. – I need money. Wir essen Toast zum Frühstück. – We have toast for breakfast.

8 *Example solution*: Joghurt, Gemüse und Obst / Marmelade und Eier / Bier oder Wein

30 meine Familie, deine Familie

A Er ist <u>mein</u> Vater. Sie ist <u>meine</u> Mutter.

B mein meine

1 The possessive article takes an e at the end when it refers to a feminine noun.

2 2 Mae, was sind <u>deine</u> Hobbies? 3 Und <u>deine</u> Lieblingsfarbe ist …? 4 Ich nehme <u>meinen</u> Hund mit.

3

mein-	dein-	ein-	kein-
mein Mantel	dein Mantel	ein Mantel	kein Mantel
meine Freundin	deine Freundin	eine Freundin	keine Freundin
mein Auto	dein Auto	ein Auto	kein Auto

4 dein Haus   mein Mantel   deine Freundin
meine Katze

5 2 dein   3 deine   4 meine

6 (2) Mein   (3) meine   (4) Meine   (5) mein   (6) mein
(7) deine   (8) dein   (9) deine   (10) deine

7 2e Komm, wir nehmen mein Auto!   3a Ich habe deinen
Vater gesehen.   4c Kennst du meinen Freund?
5d Ich suche meinen Chef.

8 *Example solution*: Mein Vater ist Bäcker von Beruf. Er
kommt aus Hamburg, aber jetzt wohnt er mit meiner
Familie in Heidelberg.
Meine Mutter heißt Maria. Meine Mutter ist Lehrerin
von Beruf. Meine Mutter arbeitet in einer Schule.

31 sein Haus, ihr Haus

A Ihr Zimmer ist klein, aber sehr schön. Ihre Freunde
heißen Carla und Ali. Sie wohnen auch da.   Und das
ist sein Haus. Wow, sein Garten ist super. So viele
Blumen! Und sein Hund heißt Fluffy.

B sein   ihr   ihre

C possession

1 2 man   3 man   4 man   5 woman

2 ihr Auto: her car   ihre Freundin: her friend

3

	●	●	●	●
♂	sein Garten sein Hund	sein Haus		seine Blumen seine Eltern
♀	ihr Freund ihr Bruder	ihr Haus	ihre Katze	ihre Freunde

4 2 seinen   3 ihren   4 ihre   5 seine   6 seine   7 ihre
8 ihren

5 (2) Ihre   (3) Ihr   (4) Ihr   (5) ihr   (6) Ihre

6 Jetzt wohnt er in Köln. Seine Eltern leben in Neapel,
aber seine Schwester wohnt auch in Köln. Seine Frau
heißt Eva. Sie kommt aus Köln. Seine Kinder sind /
heißen Fabiana und Vittoria.

7 *Example solution*: Ihr Hund ist süß. Ihre Wohnung ist
groß. Ihre Augen sind grün.

32 unser Pool, euer Apartment

A 2 Ja, wir sind schon da.   3 Und wie ist euer Apartment?
4 Super! Nur unser Pool ist so klein.

B unser   euer

1 unsere Terrasse: our terrace   euer Apartment: your
apartment

2

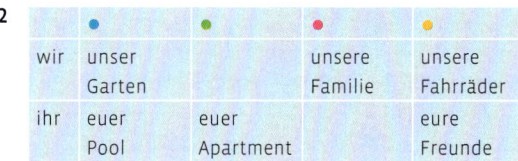

	●	●	●	●
wir	unser Garten		unsere Familie	unsere Fahrräder
ihr	euer Pool	euer Apartment		eure Freunde

3 2 euere Autos   4 euere Küche

4 Das ist unser Haus.   Das ist unsere Terrasse.

5 3 eure   4 euer   5 unser   6 unsere   7 euer   8 euer

6 2 unsere   3 euer   4 eure

7 *Example solution*: In unserem Garten gibt es viele
Blumen und einen Apfelbaum. In unserem Garten
feiern wir oft Partys. Unsere Freunde sind sehr nett
und lustig. Unsere Freunde reisen viel. Unsere Freunde
sprechen viele Sprachen.

33 Dein Team, Ihr Team

A Dein AutoDirekt-Team.   Vielen Dank für Ihre Reservie-
rung. Ihr Zimmer ist fertig. Ihr Team im Hotel Berlin

B dein   dein   Ihr

C capital letter

1

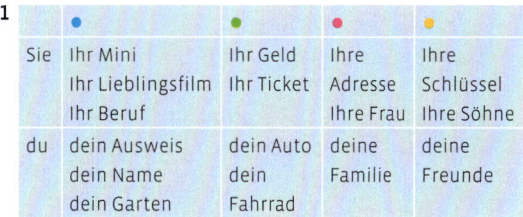

	●	●	●	●
Sie	Ihr Mini Ihr Lieblingsfilm Ihr Beruf	Ihr Geld Ihr Ticket	Ihre Adresse Ihre Frau	Ihre Schlüssel Ihre Söhne
du	dein Ausweis dein Name dein Garten	dein Auto dein Fahrrad	deine Familie	deine Freunde

2 2 f   3 i   4 i   5 i   6 f

3 2c: Ist das dein Freund?   3a: Bitte öffnen Sie Ihren
Mund!   4d: Deine Schuhe sind cool!

4 2 deine   3 deine   4 Ihr   5 Ihr   6 dein   7 Ihre   8 deine

5 2 deinen   3 deine   4 deine   5 deinen   6 dein

6 2 deine   3 deine   4 Ihre   5 Ihr

7 *Example solution*: Was ist Ihr Beruf? Was ist Ihr Lieblingsfilm? / Wie heißt Ihr Lieblingsfilm?

34 Ich komme aus Berlin.

A B Wir wohnen in Berlin.   C Ich fahre nach Berlin.

C Woher?   Wo?   Wohin?

1 2 Ich komme aus Kuba und wohne jetzt in München. 3 Morgen fahre ich nach Berlin.   4 Er besucht seine Verwandten in Polen.   5 Fahr nach rechts, geradeaus und dann nach links.

2 1 d, f, g   2 c, e, i, j   3 a, h, k

3 aus: from   nach: to

4 (2) aus   (3) aus   (4) aus   (5) nach   (6) In

5 2 nach   3 In   4 aus   5 Nach   6 In   7 Aus   8 In

6 *Example solution*: Jetzt lebt sie in London, in England. Sie hat auch in Deutschland gelebt.

35 Ich wohne auf dem Land.

A 1 B   2 A

B auf dem   in der

C Wo?

1 2 auf dem Tisch   3 Auf dem Formular   4 auf dem Marktplatz   5 auf der Straße   6 auf der Bank

2 2 b Er sitzt im Park und liest.   3 a Ja, gerne. Und wo? Im Parkcafé?   4 c In der Zeitung.

3 Kino, Schule, Internet, Zug, Supermarkt, Hotel, Apotheke, Stadt, Straße, Haus, Garten, Bett, Küche, Kühlschrank, Schrank

4 • im Supermarkt, im Garten, im Kühlschrank, im Schrank
 • im Internet, im Zug, im Hotel, im Haus, im Bett
 • in der Schule, in der Apotheke, in der Stadt, in der Straße, in der Küche

5 (2) in der   (3) im   (4) auf dem   (5) im   (6) in der (7) im   (8) auf dem

6 2 im Internet   3 im Supermarkt   4 Im Hotel   5 in der Schule   6 in der Apotheke

7 *Example solution*: Ich wohne in der Stadt. In einem Apartment. Meine Freundin wohnt auf dem Land. In einem Haus.

36 Wir gehen ins Kino.

A 2 A   3 D   4 B

B Club   Kino

C Wohin?

1 2 in die Stadt   3 ins Restaurant   4 in den Park

2 ins Kino: to the cinema   in die Stadt: to town

3 • in den Garten, in den Park, in den Supermarkt
 • ins Bett, ins Museum, ins Büro, ins Schwimmbad, ins Restaurant, ins Dorf, ins Bad, ins Café, ins Hotel
 • in die Universität, in die Pizzeria, in die Disco, in die Kirche

4 (2) ins   (3) in den   (4) ins   (5) in den   (6) in den (7) in die   (8) ins

5 2 ins   3 In die   4 in die   5 in den   6 ins   7 in den 8 in die

6 *Example solution*: Ich gehe ins Kino. Ich gehe ins Café. Ich gehe in die Stadt.

37 Sie ist beim Training.

A Wollen wir einen Kaffee bei Fillipo trinken?   Ja, gerne! Muss aber noch zum Friseur.   Gut. Also um sechs bei Fillipo!

B beim   zum

1 2 a Ich muss noch zum Arzt   3 c Bei der Polizei.

2 zum: to   beim: at

3 1 d, f   2 a, e   3 c

4 2 bei der Post   3 bei Familie Müller   4 beim Arzt

5 zum Doktor, zur Schule, zum Bahnhof, zum Flughafen. zur Bäckerei, zur Post, zum Geschäft

6 2 zur   3 zum   4 zum   5 zur   6 zur

7 *Example solution*: … zur Post. Ich muss noch zur Apotheke.

38 Ich komme um 20 Uhr.

A Am Freitag um 20 Uhr   Jazz im Sommer   Am Samstag um 10 Uhr

B Freitag   Sommer

C Wann?

1 2 Am Wochenende.   3 Um sieben Uhr.

2 um 10 Uhr: at ten o'clock   am Montag: on Monday

3 am: zweiten September, Abend, Morgen, Nachmittag um: 22 Uhr, halb drei, Viertel vor eins im: Mai, Winter, Oktober

4 (2) Am   (3) um   (4) Am   (5) Um   (6) am   (7) um

5 2 Im   3 Am   4 am   5 Um

6 *Example solution*: … mache ich Yoga. Am Vormittag lerne ich Deutsch. Am Freitag um 16 Uhr treffe ich meinen Freund. Wir gehen in ein Café und am Abend gehen wir ins Kino.

39 Vor dem Spiel.

A vor dem Spiel B
nach dem Spiel A

B vor dem   nach dem

1 2 Wann soll ich kommen? – Komm bitte vor zehn Uhr.
3 Gehen wir auch ins Café? – Ja, klar. Vor dem Konzert.
4 Musst du noch lernen? – Ja, das mache ich nach dem
Essen.   5 Kann ich später noch einmal anrufen? – Ja,
aber bitte nicht nach 23 Uhr.

2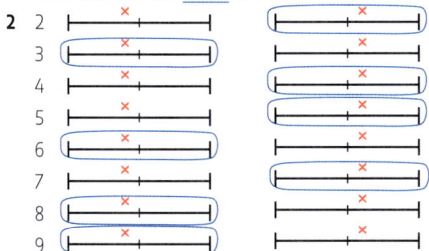

3 2 Vor dem Essen.   3 Nach dem Film.   4 Nach den
Ferien.   5 Nach der Arbeit.   6 Vor dem Frühstück.
7 Vor der Prüfung.   8 Nach dem Deutschkurs.

4 2 dem   3 dem   4 dem   5 der   6 dem

5 10:15 Uhr: Es ist Viertel nach zehn.   18:20 Uhr: Es ist
zwanzig nach sechs.   17:40 Uhr: Es ist zwanzig vor
sechs.   23:55 Uhr: Es ist fünf vor zwölf.   00:05 Uhr
Es ist fünf nach zwölf.

6 *Example solution*: Vor dem Deutschkurs dusche ich.
Nach dem Deutschkurs koche ich.

40 Ich fahre mit dem Bus.

A ☺ Ich fahre immer mit der U-Bahn.   ☹ Ich fahre
mit dem Taxi.   ☺ Ich fahre oft mit dem Bus.
☹ Ich fahre immer mit dem Auto.

B mit dem   mit dem

C Wie?

1 2 b   3 d   4 a   5 e

2 1 mit dem Bus.   2 mit der Straßenbahn.   3 mit dem
Taxi.

3 mit dem Bus

4 (2) dem   (3) dem   (4) dem

5 2 Tom fährt mit der Straßenbahn.   3 Emma fährt mit
dem Zug/ICE.   4 Emilia fährt mit dem Auto.   5 Paula
fährt mit der U-Bahn.   6 Lee fährt mit dem Fahrrad.

6 *Example solution*: Ich fahre mit der U-Bahn ins Büro.
Ich fahre mit der Straßenbahn ins Fitness-Studio. Ich
fahre mit dem Auto zum Supermarkt.

41 Wie heißt du?

A Sebastian Vettel   Angelina Jolie

B Wie   Woher   Wo

1 2 Was   3 Wann   4 Wo   5 Wohin   6 Woher

2 Woher?: where … from   Wie?: how   Wo?: where

3 Wo wohnen Sie?, Was ist das?, Wohin fahren wir?,
Woher kommst du?, Wer ist das?, Wann bist du geboren?

4

	2	
Woher	kommt	Emma?
Wie	heißt	die Straße?
Wann	kommst	du?
Wohin	fliegt	ihr?
Was	kostet	der Schinken?
Wer	hat	kein Buch?

5 *Example solution*: Was machst du am Wochenende?
Wie groß bist du? Wie viele Geschwister hast du?
Wie alt bist du?

42 Ist die Wohnung noch frei?

A Hat die Wohnung einen Balkon? Ist die Wohnung
möbliert?

B Hat

1 2 Nein   3 Nein   4 Ja

2 2 d   3 a   4 c

3

	2		
Wie	heißt		denn die Straße?
	Ist	das Haus	nicht teuer?
Das Apartment	ist		nicht möbliert.

4 2 Wohnst du in Berlin?   3 Hat sie denn eine Wohnung?
4 Ist die U-Bahn-Station in der Nähe?

5 2 Sprechen Sie Deutsch? – Ja   3 Hat die Wohnung
einen Balkon? – Nein   4 Wohnen Sie in Frankfurt? –
Nein

6 2 Wo wohnt Lisa?   3 Sind Tim und Lisa Freunde?
4 Woher kommt Lisas Familie?

7 *Example solution*: Gibt es einen Balkon? Sind Haus-
tiere erlaubt? Ist die Wohnung frei? Ist der Bahnhof
in der Nähe?

43 Morgen fahre ich nach Paris.

A Heute bin ich in Wien.   Morgen fahre ich nach Paris.

B bin   fahre

1 Am Nachmittag geht er in die Stadt. Er trifft Freunde.
Dann gehen sie ins Café. Sie trinken Tee oder Kaffee.
Am Abend spielen sie Fußball.

2

	2		
Am Nachmittag	geht	er	in die Stadt.
Er	trifft		Freunde.
Dann	gehen	sie	ins Café.
Sie	trinken		Tee oder Kaffee.
Am Abend	spielen	sie	Fußball.

3 2 Um sieben Uhr frühstückt er.   3 Dann nimmt er den Bus.   4 Am Nachmittag trifft er seine Freundin.
5 Später geht er ins Fitness-Studio.

4 Am Dienstag trinke ich Kaffee mit Emma. Am Mittwoch spiele ich Gitarre mit Frank. Am Donnerstag esse ich Pizza mit Luisa. Am Freitag höre ich Musik mit Tina.

5 3 Um 12 Uhr machen wir Pause.   4 Maria frühstückt am Wochenende gerne im Bett.

6 *Example solution*: … in die Universität. Am Mittag gehe ich mit meinen Freunden Pizza essen. Am Nachmittag fahre ich nach Hause und lerne Deutsch. Am Abend gehe ich in den Deutschkurs.

44 Ich will jetzt Deutsch lernen.

A *Wirklich? Du musst aber einen Kurs machen.*

Ja! Die Kurse fangen im Januar an.

B musst   machen
1 2d Heute Abend rufe ich dich an.   3a Mach bitte das Licht aus! Ich möchte schlafen.   4c Wo steigen Sie aus?
2 2 Ich möchte ~~gehen~~ gerne ins Kino gehen.   3 Ich kann ~~kommen~~ leider nicht kommen.   4 Mein Vater muss ~~gehen~~ jetzt gehen.   5 Kann ich ~~benutzen~~ dein Handy benutzen?   Ich muss ~~einkaufen~~ noch einkaufen.
3 2 Gestern haben wir einen Ausflug gemacht.   3 Am Vormittag habe ich Deutsch gelernt.   4 Ist sie mit dem Auto gekommen?   5 Am Wochenende sind wir Fahrrad gefahren.

4

		2			Ende
2	Gestern	habe	ich	die Bücher	gekauft.
3	Meine Freundin Emily	kann		leider nicht	kommen.
4	Sie	ist		krank.	
5	Ich	habe		den Lehrer schon	gesehen.
6	Er	sieht		sehr nett	aus.
7	Nach dem Kurs	muss	ich	noch	einkaufen.
8	Dann	gehe	ich	gleich nach Hause.	

5 *Example solution*: Gestern habe ich mit meinem Freund einen Film gesehen. Gestern bin ich ins Fitness-Studio gegangen. Gestern habe ich lange Deutsch gelernt.

45 Ich komme nicht.

A Wo ist denn die U-Bahn? Sie fährt leider nicht.   Was sagt denn der Chef? Mehr Arbeit und Stress, aber mehr Geld zahlt er nicht.   In der Kantine? Pommes sind aus, und Fisch mag ich nicht.   Und wo ist mein Freund? Der kommt heute nicht.
B nicht
1 2a Nein, leider nicht.   3d Naja, das Hotel gefällt mir nicht. 4c Ich bade nicht so gern. Ich auch nicht. Ich dusche lieber.
2 2 Das ~~nicht~~ weiß ich nicht.   3 Nein, sie ~~nicht~~ kann nicht kommen.   4 Na, hoffentlich ~~nicht~~ regnet es nicht.   5 Er schläft. Er ~~nicht~~ will nicht lernen.
3 2 Nein, Deutschbücher gibt es nicht.   3 Nein, Papier und Bleistifte haben wir nicht.   4 Nein, Tische gibt es nicht.   5 Nein, Computer haben wir nicht.
4 2 Das ~~nicht~~ verstehe ich (nicht).   3 Das Auto ~~nicht~~ funktioniert (nicht).   4 Emma kann (nicht) in den Deutschkurs kommen ~~nicht~~.
5 2 Nein, sein Deutsch ist nicht gut.   3 Nein, Rauchen ist hier nicht erlaubt.   4 Nein, Maria ist nicht da.   5 Nein, das hat Opa nicht verstanden.   6 Nein, das Zimmer ist nicht hässlich.   7 Nein, das Auto ist nicht zu klein.
6 2 Ich bin nicht müde.   3 Ich komme nicht am Vormittag.   4 Ich bin nicht glücklich.
7 *Example solution*: Der Bus ist nicht pünktlich. Die Sonne scheint nicht.

46 Die Sonne scheint und es ist warm.

A Die Sonne scheint <u>und</u> es ist richtig warm. Sylt ist cool. Wir gehen jeden Tag an den Strand. Wir schwimmen im Meer <u>oder</u> spielen mit dem Ball. Unser Lieblingsrestaurant heißt Sansibar. Der Fisch ist super lecker, <u>aber</u> er ist auch sehr teuer.
Liebe Grüße <u>und</u> bis bald
Paul <u>und</u> Emma

B oder   aber   denn

1 2 Ich muss Hausaufgaben machen und (ich muss) noch einkaufen.   3 Wir waren am Strand und (wir) haben viel gelesen.

2 2 Nimmst du (einen) Wein oder (ein) Bier?   Isst du lieber Pizza oder Spaghetti?

3 2 Steffi kommt nicht, denn ihre Katze ist krank.
3 Tim hat keine Zeit, denn er muss zum Training.

4 2 Der Bus ist billig, aber langsam.   3 Das Haus ist klein, aber sehr schön.

5 2 Ich möchte gerne ins Kino und dann eine Pizza essen.   3 Das können wir gerne machen, aber das kostet Geld.   4 Kein Problem, denn ich habe jetzt einen Job und verdiene gut.

6 2 oder   3 aber   4 und

7 *Example solution*: Ich lerne Deutsch, denn ich möchte in Deutschland arbeiten.   Ich treffe meine Freunde, denn sie sind nett.

Grammatikübersicht

1 Unregelmäßige Verben

Infinitiv	Präsens	Perfekt
beginnen	beginnt	hat begonnen
bekommen	bekommt	hat bekommen
bitten	bittet	hat gebeten
bleiben	bleibt	ist geblieben
bringen	bringt	hat gebracht
dürfen	darf	hat gedurft
empfehlen	empfiehlt	hat empfohlen
essen	isst	hat gegessen
fahren	fährt	ist gefahren
finden	findet	hat gefunden
fliegen	fliegt	ist geflogen
geben	gibt	hat gegeben
gefallen	gefällt	hat gefallen
gehen	geht	ist gegangen
gewinnen	gewinnt	hat gewonnen
haben	hat	hat gehabt
halten	hält	hat gehalten
helfen	hilft	hat geholfen
kennen	kennt	hat gekannt
kommen	kommt	ist gekommen
können	kann	hat gekonnt
laufen	läuft	ist gelaufen
lesen	liest	hat gelesen
liegen	liegt	hat gelegen
mögen	mag	hat gemocht
müssen	muss	hat gemusst
nehmen	nimmt	hat genommen
riechen	riecht	hat gerochen
scheinen	scheint	hat geschienen
schlafen	schläft	hat geschlafen
schreiben	schreibt	hat geschrieben
schwimmen	schwimmt	ist geschwommen
sehen	sieht	hat gesehen
sein	ist	ist gewesen
sitzen	sitzt	hat gesessen
sollen	soll	hat gesollt
sprechen	spricht	hat gesprochen
stehen	steht	hat gestanden
treffen	trifft	hat getroffen
trinken	trinkt	hat getrunken
tun	tut	hat getan
überweisen	überweist	hat überwiesen

Infinitiv	Präsens	Perfekt
unterschreiben	unterschreibt	hat unterschrieben
verstehen	versteht	hat verstanden
waschen	wäscht	hat gewaschen
werden	wird	ist geworden
wissen	weiß	hat gewusst
wollen	will	hat gewollt

2 Verben mit Dativ

Verb	Beispiel
antworten	Sie antwortet ● dem Freund.
danken	Ich danke dir sehr.
geben	Luisa gibt Peter etwas.
gefallen	Die Bluse gefällt mir sehr.
gehören	Das Handy gehört ● meinem Freund.
glauben	Wir glauben ihm.
gratulieren	Er gratuliert ● seiner Frau.
helfen	Wir helfen ● dem Großvater im Garten.
schmecken	Die Pizza schmeckt ● meinem Kind nicht.
stehen	Das Kleid steht dir gut.

3 Verben mit Akkusativ

Verb	Beispiel
abgeben	Ich gebe ● den Wagen ab.
abholen	Wir holen dich ab.
anbieten	Sie bietet ● den Kuchen an.
anklicken	Klick bitte mal ● das Bild an!
ankreuzen	Kreuzt bitte ● die Lösung an!
anmachen	Mach bitte ● das Licht an!
anmelden	Sie meldet ihn an.
anrufen	Er ruft ● seinen Vater an.
anziehen	Ich ziehe ● den Mantel an.
ausfüllen	Füllen Sie bitte ● das Formular aus.
ausmachen	Mach bitte ● das Licht aus!
ausziehen	Er zieht ● den Mantel aus.
bekommen	Ich habe ● den Brief bekommen.
benutzen	Bitte benutzen Sie ● den Aufzug nicht.
besichtigen	Ich möchte gerne ● die Kirche besichtigen.
bestellen	Wir bestellen ● den Wein.
besuchen	Darf ich dich besuchen?
bezahlen	Sie bezahlt ● die Rechnung.
brauchen	Brauchst du ● den Drucker noch?
bringen	Ich bringe ● einen Tee.
buchstabieren	Bitte buchstabieren Sie ● Ihren Namen!

Verb	Beispiel
drucken	Ich drucke ● einen Text.
drücken	Die Mutter drückt ● ihr Kind.
einkaufen	Die Eltern kaufen ● ein Geschenk ein.
einladen	Ich lade ● meinen Freund ein.
empfehlen	Ich empfehle ● den Wein aus Italien.
erklären	Die Lehrerin erklärt ● die Rechnung.
erzählen	Er erzählt ● eine Geschichte.
essen	Sie isst ● einen Hamburger.
feiern	Wir feiern heute ● meinen Geburtstag.
finden	Wir müssen ● die Schlüssel finden.
fragen	Ich frage ihn mal.
gewinnen	Wer gewinnt ● das Spiel?
haben	Ich habe ● einen Freund.
heiraten	Meine Schwester heiratet ● einen Engländer.
holen	Ich hole ● einen Kaffee.
hören	Wir hören ● den Text.
mitbringen	Ich bringe ● das Bild mit.
möchten	Ich möchte ● die Suppe.
mögen	Sie mag ● keinen Kaffee.
nehmen	Ich nehme ● den Bus.
öffnen	Er öffnet ● das Geschenk.
rauchen	Der Mann raucht ● eine Zigarre.
reparieren	Der Handwerker repariert ● das Dach.
riechen	Der Hund riecht ● die Katze.
sagen	Der Lehrer sagt ● die Vokabeln.
schicken	Herr Meier schickt ● ein Paket.
schließen	Ich schließe ● die Tür.
schreiben	Ich schreibe ● einen Brief.
spielen	Die Kinder spielen ● ein Spiel.
suchen	Ich suche ● den Schlüssel.
treffen	Anna trifft ● ihren Freund.
trinken	Das Kind trinkt ● eine Milch.
überweisen	Ich überweise ● das Geld.
unterschreiben	Wir unterschreiben ● den Vertrag.
verdienen	Er verdient ● viel Geld.
verkaufen	Ich verkaufe ● den Wagen.
vermieten	Wir vermieten ● die Wohnung.
verstehen	Ich verstehe ihn nicht.
wiederholen	Die Schüler wiederholen ● die Übung.
zahlen	Er zahlt ● das Brot.

4 Trennbare Verben

Verb	Beispiel
abfahren	Wir fahren um ein Uhr ab.
abfliegen	Wann fliegst du ab?
abgeben	Ich gebe das Buch heute ab.
abholen	Wir holen dich ab.
anbieten	Ich biete ihr einen Kaffee an.
anfangen	Der Deutschkurs fängt gleich an.
anklicken	Klick bitte mal das Bild an!
ankommen	Wann kommt der Zug in München an?
ankreuzen	Kreuzt bitte die Lösung an!
anmachen	Mach bitte das Licht an!
(sich) anmelden	Sie meldet sich morgen für den Deutschkurs an.
anrufen	Er ruft seine Mutter an.
(sich) anziehen	Sie zieht Jeans und T-Shirt an.
aufhören	Der Kurs hört morgen auf.
aufräumen	Ich räume mein Zimmer auf.
aufstehen	Wir stehen immer um sieben auf.
ausfüllen	Füllen Sie bitte das Formular aus.
ausmachen	Mach bitte das Licht aus!
aussehen	Das sieht gut aus.
aussteigen	Sie steigt am Goetheplatz aus.
(sich) ausziehen	Er zieht die Schuhe aus.
einkaufen	Was kaufst du heute ein?
einladen	Ich lade meine Freunde ein.
einschlafen	Er schläft oft vor dem Fernseher ein.
einsteigen	Er steigt hier ein.
fernsehen	Wir sehen heute Abend mal fern.
kennenlernen	Wir lernen hier viele Leute kennen.
mitbringen	Ich bringe dir einen Kaffee mit.
mitkommen	Kommst du auch mit?
mitmachen	Warum macht ihr nicht mit?
mitnehmen	Nehmen wir meine Schwester ins Theater mit?
umziehen	Nächsten Monat ziehen wir um.

5 Modalverben

Verb	Beispiel
können	Ihr könnt ein Probetraining machen.
müssen	Ihr müsst die Hausaufgaben machen.
wollen	Was willst du werden?
möchten	Sie möchte Ingenieurin werden.
dürfen	Wir dürfen hier nicht rauchen.
sollen	Was soll ich denn tun?

6 Personalpronomen

Personalpronomen Nominativ	Personalpronomen Akkusativ	Personalpronomen Dativ
ich	mich	mir
Ich bin Paul.	Er liebt mich.	Der Garten gehört mir.
du	dich	dir
Du kommst aus Berlin.	Ich liebe dich.	Die Pizza schmeckt dir.
er	ihn	ihm
Er ist mein Freund	Ich kenne ihn.	Wir helfen ihm.
es	es	ihm
Es ist noch klein.	Ich liebe es.	Die Stadt gefällt ihm.
sie	sie	ihr
Sie ist meine Freundin.	Ich hole sie ab.	Die Blumen gefallen ihr.
wir	uns	uns
Wir wohnen in München.	Ihr kennt uns.	Ihr helft uns.
ihr	euch	euch
Ihr kommt aus Brasilien.	Wir brauchen euch.	Ich hoffe, es schmeckt euch.
Sie	Sie	Ihnen
Sind Sie Frau Schmidt?	Wir kennen Sie.	Ich hoffe, es gefällt Ihnen.
sie	sie	ihnen
Sie heißen Tim und Eva.	Wir mögen sie.	Die Pizza schmeckt ihnen.

7 Possessivartikel

	Possessivartikel Nominativ		Possessivartikel Akkusativ	
ich mein-	Das ist / sind	• mein Vater. • mein Kind. • meine Großmutter. • meine Eltern.	Ich liebe	• meinen Vater. • mein Kind. • meine Großmutter. • meine Eltern.
du dein-	Das ist / sind	• dein Vater. • dein Kind. • deine Großmutter. • deine Eltern.	Du liebst	• deinen Vater. • dein Kind. • deine Großmutter. • deine Eltern.
er (Peter) sein-	Das ist / sind	• sein Vater. • sein Kind. • seine Großmutter. • seine Eltern.	Er liebt	• seinen Vater. • sein Kind. • seine Großmutter. • seine Eltern.
sie (Lisa) ihr-	Das ist / sind	• ihr Vater. • ihr Kind. • ihre Großmutter. • ihre Eltern.	Sie liebt	• ihren Vater. • ihr Kind. • ihre Großmutter. • ihre Eltern.
wir unser-	Das ist / sind	• unser Vater. • unser Kind. • unsere Großmutter. • unsere Eltern.	Wir lieben	• unseren Vater. • unser Kind. • unsere Großmutter. • unsere Eltern.

	Possessivartikel Nominativ		Possessivartikel Akkusativ	
ihr eu(e)r-	Das ist / sind	• euer Vater. • euer Kind. • eure ! Großmutter. • eure ! Eltern.	Ihr liebt	• euren ! Vater. • euer Kind. • eure ! Großmutter. • eure ! Eltern.
sie (Peter + Lisa) ihr-	Das ist / sind	• ihr Vater. • ihr Kind. • ihre Großmutter. • ihre Eltern.	Sie lieben	• ihren Vater. • ihr Kind. • ihre Großmutter. • ihre Eltern.
Sie (Frau Schmidt) Ihr-	Das ist / sind	• Ihr Vater. • Ihr Kind. • Ihre Großmutter. • Ihre Eltern.	Sie liebt	• Ihren Vater. • Ihr Kind. • Ihre Großmutter. • ihre Eltern.

8 Präpositionen mit Dativ

Präposition	Beispiel	
an (an dem = am) Wann? *temporal*	Sie kommt Wir fahren	• am Dienstag. • an den Feiertagen nach Paris.
auf Wo? *lokal*	Das Glas steht Er wohnt Das Auto steht Es sind viele Menschen	• auf dem Tisch. • auf dem Land. • auf der Straße. • auf den Straßen.
aus Woher? *lokal*	Ich komme Sie kommt Wir kommen	• aus Italien. • aus der Schweiz. • aus den USA.
bei (bei dem = beim) Wo? *lokal*	Ich bin Sie ist Er arbeitet Sie essen	• beim Arzt. • beim Training. • bei der Polizei. • bei den Nachbarn.
in (in dem = im) Wann? *temporal*	Was macht ihr Wir schlafen Ich schlafe	• im Sommer? • in der Nacht. • in den Ferien oft lange.
in (in dem = im) Wo? *lokal*	Das Glas steht Er wohnt Sie wohnt Es gibt viel Verkehr	• im Schrank. • in Deutschland. • in der Stadt. • in den Städten.
mit Wie? *modal*	Er fährt Sie kommt Wir fahren Wir fahren gerne	• mit dem Bus. • mit dem Auto. • mit der U-Bahn. • mit den Fahrrädern.
nach Wohin? *lokal*	Wir fahren Sie fliegen	• nach Paris. • nach Deutschland.

Präposition	Beispiel	
nach Wann? *temporal*	Ich esse Er trinkt oft Wasser Wir treffen uns Wir schreiben den Test	• nach dem Deutschkurs. • nach dem Training. • nach der Party. • nach den Ferien.
vor Wann? *temporal*	Ich esse Er trinkt viel Wasser Wir treffen uns Wir schreiben den Test	• vor dem Deutschkurs. • vor dem Training. • vor der Party. • vor den Ferien.
zu (zu dem = zum) (zu der = zur) Wohin? *lokal*	Ich gehe Gehst du Sie geht Wir gehen	• zum Friseur. • zum Training? • zur Schule. • zu den Freunden.

9 Präpositionen mit Akkusativ

Präposition	Beispiel	
in (in das = ins) Wohin? *lokal*	Wir fahren Ich gehe Fährst du Kommt ihr mit	• in den Club. • ins Fitness-Studio. • in die Stadt? • in die Berge?
um Wann? *temporal*	Sie kommt Der Zug fährt	um sieben Uhr. um 15:30 Uhr.

Register

Quellenverzeichnis

Titel und Rücktitel: © Thinkstock/iStock/Brusonja

S. 6 von links: © Getty Images/iStock/andresr, © Getty Images/DigitalVision/Yuri_Arcurs, © Getty Images/iStock/vadimguzhva

S. 8: © Thinkstock/iStock/Jowita Stachowiak

S. 9 von links: © Getty Images/E+/LeoPatrizi, © Thinkstock/Wavebreak Media, © Getty Images/E+/PeopleImages, © Getty Images/E+/GlobalStock, © Getty Images/E+/gradyreese, © Getty Images/iStock/funduck

S. 10: © Thinkstock/iStockphoto

S. 12: © Getty Images/E+/Piskunov

S. 14: © Getty Images/Vetta/GlobalStock

S. 16 von oben: © Getty Images/iStock/Choreograph, © Getty Images/E+/Dean Mitchell

S. 18 von links: © Getty Images/iStock/gpointstudio, © Getty Images/iStock/GregorBister, © Getty Images/iStock/BernardaSv, © Konstantin Yuganov – stock.adobe.com

S. 20: © fotolia/contrastwerkstatt

S. 22: © refresh(PIX) – stock.adobe.com

S. 24: © magicbeam – stock.adobe.com; Illustrationen: © iStockphoto/cajoer

S. 26 von links: © Getty Images/iStock/SolisImages, © Getty Images/iStock/antos777, © sabine hürdler – stock.adobe.com

S. 28: © Getty Images/DigitalVision/PeopleImages

S. 30 von links: © Getty Images/E+/BraunS, © Getty Images/E+/track5

S. 32: © Thinkstock/iStock/ambassador806

S. 34: © Getty Images/iStock/Squaredpixels

S. 36 von links: © Alamy Stock Photo/United Archives GmbH, © Das Haus, © Eckes-Granini

S. 38: © irisblende.de

S. 40: © Thinkstock/iStock/Jun Zhang

S. 42: Hueber Verlag/Florian Bachmeier, Schliersee

S. 44: © Getty Images/E+/Jacob Wackerhausen

S. 46 von links: © Getty Images/E+/SolStock, © Getty Images/iStock/william87

S. 48 von links: © Getty Images/iStock/petrenkod, © Getty Images/iStock/dolgachov, © Getty Images/E+/wundervisuals

S. 50 von links: © Thinkstock/Zoonar/Zoonar RF, © Thinkstock/iStock/ballero, © Thinkstock/iStock/homydesign

S. 51 von oben: © Thinkstock/iStock/tiler84, © Getty Images/iStock/Bulgac

S. 52 oben von links: © Thinkstock/Stockbyte/George Doyle, © Getty Images/E+/shapecharge, © Getty Images/E+/Dean Mitchell; Illustrationen: © Shutterstock/dipego

S. 53: © Mat Hayward – stock.adobe.com

S. 54: © iStockphoto/pearleye

S. 56 von links: © Getty Images/iStock/andresr, © Getty Images/iStock/padnpen

S. 58 von links: © alephnull – stock.adobe.com, © Thinkstock/iStockphoto, © Getty Images/iStock/michaeljung

S. 60: © Getty Images/iStock/Ilyabolotov

S. 61 von 1–6: © fotolia/Stockcity, © fotolia/Dimitrius, © iStockphoto/rKIRKimagery, © iStockphoto/gbrundin, © Getty Images Plus/iStock Unreleased/AM-C, © Thinkstock/iStock/ciud; unten: © Getty Images/Stone/Erik Dreyer

S. 62: © Getty Images/iStock/baibaz

S. 64: © Getty Images/E+/EmirMemedovski

S. 66 von links: © Getty Images/iStock/dusanpetkovic, © Getty Images/E+/andresr

S. 68: © Getty Images/E+/ultramarinfoto

S. 69 von links: © Getty Images/E+/nullplus, © iStock/ewg3D, © Getty Images/iStock/piovesempre

S. 70: © Shutterstock/dipego

S. 71 von A bis D: © Getty Images/iStock/SolisImages, © Getty Images/iStock/MattoMatteo, © Getty Images/iStock/william87, © Hasloo Group – stock.adobe.com,

S. 72 von links: © Alamy Stock Photo/MARCO CATTANEO, © Getty Images/iStock/william87, © Production Perig – stock.adobe.com

S. 74 oben von links: © Getty Images/Stockbyte/altrendo images, © Thinkstock/Goodshoot; Illustrationen: © Shutterstock.com/aekikuis

S. 76 von A bis D: © iStockphoto/Dmitriy Shironosov, © Thinkstock/Wavebreak Media/Wavebreakmedia Ltd, © Getty Images/iStock/ViewApart, © Thinkstock/iStock/monkeybusinessimages; Illustration: © Shutterstock.com/aekikuis

S. 78: © andreaobzerova - stock.adobe.com

S. 80 von links: © Getty Images/iStock/ysbrandcosijn, © fotolia/Yuri Arcurs

S. 82 von links: © picture alliance/Sven Simon, © picture alliance/augenklick

S. 84: © Getty Images/Vetta/TommL

S. 85 Illustrationen unten: © Thinkstock/iStock/ayax

S. 86 von links: © action press/imagebroker.com, © Thinkstock/Getty Images Entertainment

S. 88: © Thinkstock/iStock/g-stockstudio

S. 90 oben von links: © fotolia/lightpoet, © Getty Images/iStock/ventdusud, © Getty Images/iStock/TomasSereda, © Getty Images/iStock/anshar73; unten: © Rido – stock.adobe.com

S. 92: © Getty Images/E+/FatCamera

S. 94: © Getty Images/iStock/AndreyPopov

Deutsch üben – leicht gemacht!

Die Reihe *Deutsch üben – A1* unterstützt Sie bei Ihren ersten Schritten in der deutschen Sprache und ist ein nützlicher Begleiter zur Prüfung „Start Deutsch A1". Viele abwechslungsreiche Übungen mit einfachen Erklärungen sorgen dafür, dass auch Lernungewohnte selbstständig trainieren können.

Die Übungsbücher helfen, Ihre mündliche und schriftliche Ausdrucksfähigkeit zu verbessern und so die Kommunikationsfertigkeit auszubauen.

**Deutsch üben
Lesen & Schreiben A1**
96 Seiten
ISBN 978-3-19-467493-6

**Deutsch üben
Wortschatz & Grammatik A1**
116 Seiten
ISBN 978-3-19-397493-8